A Antropologia de Edith Stein

Entre Deus e a Filosofia

MARIANA BAR KUSANO

A Antropologia de Edith Stein

Entre Deus e a Filosofia

EDITORA
IDEIAS &
LETRAS

Direção Editorial:
Marcelo C. Araújo

Comissão Editorial:
Avelino Grassi
Edvaldo Araújo
Márcio Fabri dos Anjos

Copidesque:
Ana Aline Guedes da Fonseca de Brito Batista

Revisão:
Thiago Figueiredo Tacconi

Diagramação:
Marcelo Tsutomu Inomata

Capa:
Jéssica Rodrigues Tavares

© Ideias & Letras, 2020.

2ª reimpressão

Rua Barão de Itapetininga, 274
República - São Paulo/SP
Cep: 01042-000 – (11) 3862-4831
Televendas: 0800 777 6004
vendas@ideiaseletras.com.br
www.ideiaseletras.com.br

Dados Internacionais de Catalogação na Publicação (CIP)
(Câmara Brasileira do Livro, SP, Brasil)

Kusano, Mariana Bar
A antropologia de Edith Stein: entre Deus e a filosofia / Mariana Bar Kusano. – São Paulo: Ideias & Letras, 2014.

ISBN 978-85-65893-57-2

1. Antropologia filosófica 2. Antropologia teológica 3. Filósofos – Alemanha 4. Stein, Edith. 1891-1942 I. Título.

14-03941   CDD-128-233

Índices para catálogo sistemático:
1. Antropologia filosófica 128
2. Antropologia teológica: Teologia cristã 233

À Marilia Esaú,

*Uma singela retribuição à querida professora.
Por sua paixão à sala de aula
e sua vocação à formação humana.*

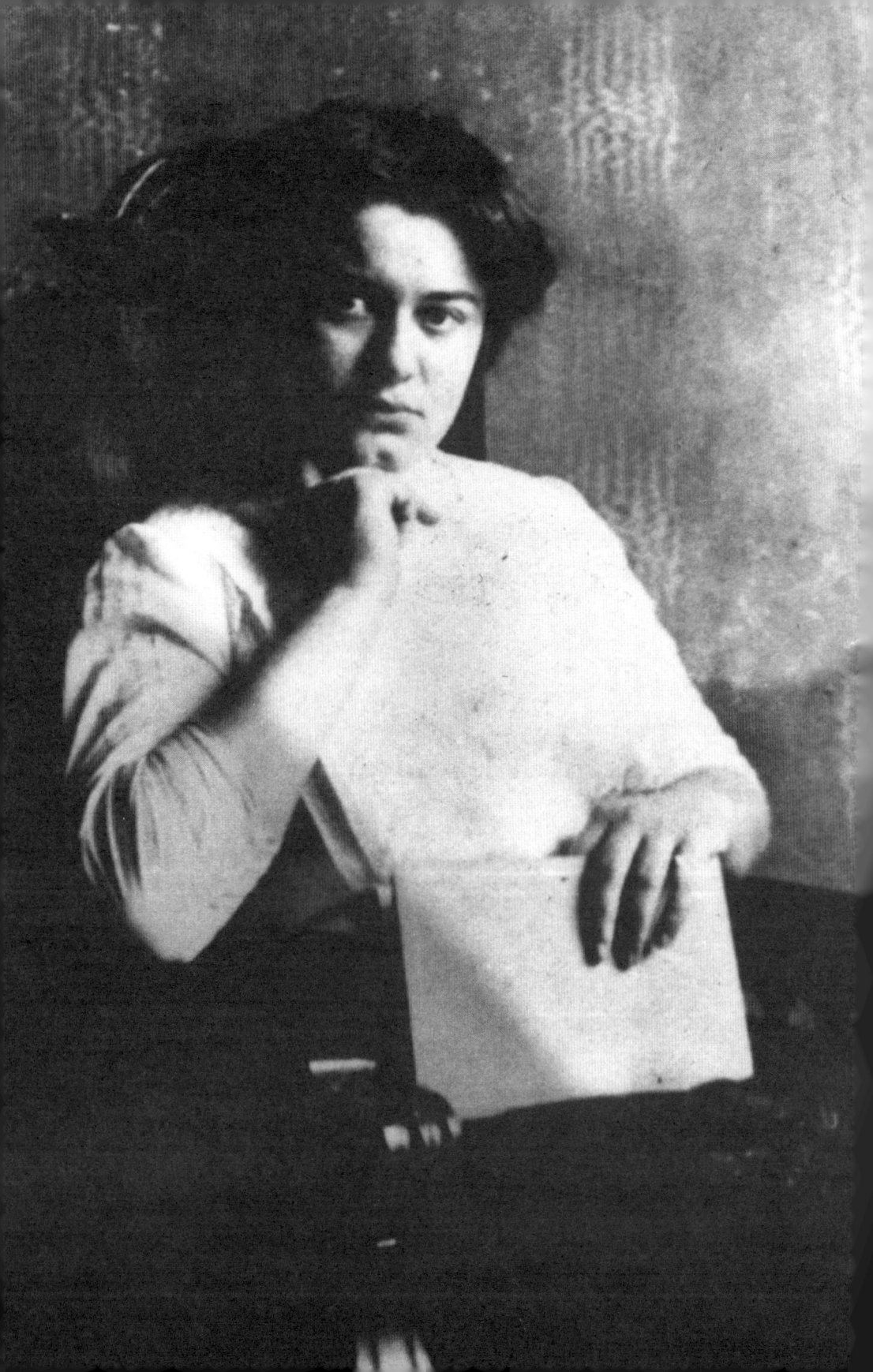

A tendência para a pessoa justifica-se objetivamente e é valiosa porque, de fato, pessoa está acima de todos os valores objetivos. Toda verdade precisa ser reconhecida por pessoas, toda beleza precisa ser vista e avaliada por pessoas. Nesse sentido, todos os valores objetivos estão aí para as pessoas. Atrás de tudo o que há de valioso no mundo está a pessoa do criador que, como seu protótipo, encerra em si todos os valores imagináveis e os excede. Entre as criaturas, o mais elevado é aquele que foi criado à sua imagem exatamente na personalidade, ou seja – no âmbito de nossa experiência – o ser humano.

Edith Stein
1891-1942

SUMÁRIO

INTRODUÇÃO | 11

CAPÍTULO I – GNOSIOLOGIA | 19

1.1 – As bases filosóficas de Edith Stein | 19

1.2 – O encontro com a fenomenologia de Husserl | 23

1.3 – O que é a fenomenologia? | 28

    1.3.1 – A objetividade do conhecimento | 29

    1.3.2 – A intuição | 33

    1.3.3 – O idealismo | 39

1.4 – De Husserl a São Tomás | 42

1.5 – O projeto filosófico de Edith Stein | 49

    1.5.1 – Entre essência e existência: uma abordagem do ser | 54

CAPÍTULO II – ANTROPOLOGIA FILOSÓFICA | 59

2.1 – A antropologia como fundamento da pedagogia | 59

2.2 – O que é antropologia filosófica? | 65

2.3 – A estrutura da pessoa humana | 69

    2.3.1 – O corpo: corpo físico e corpo vivo | 69

    2.3.2 – Alma e psique | 74

    2.3.3 – O espírito | 85

2.4 – O ser social do ser humano | 91

CAPÍTULO III – ANTROPOLOGIA TEOLÓGICA | 99

3.1 – Sentido e possibilidade de uma filosofia cristã | 99

3.2 – A antropologia teológica | 107

    3.2.1 – Criaturalidade | 108

    3.2.2 – Liberdade | 115

    3.2.3 – O mal | 128

3.3 – O caminho para redenção: a missão do santo | 132

3.4 – As consequências pedagógicas de uma antropologia cristã: a missão do educador | 137

CONSIDERAÇÕES FINAIS | 141

REFERÊNCIAS | 147

Introdução

⬦⬦⬦⬦⬦⬦⬦⬦⬦⬦⬦⬦⬦⬦⬦⬦⬦⬦⬦

A paixão por Dostoiévski e, como consequência imediata dessa paixão, um estudo científico de *Crime e castigo*,[1] foram responsáveis por minha dedicação ao pensamento de Edith Stein. Durante essa pesquisa, mergulhei no universo dostoievskiano e me deparei tanto com os aspectos de

---

[1] DOSTOIÉVSKI, F. *Crime e castigo*. São Paulo: Editora 34, 2001.

sua criação literária, cuja genialidade ética e estética fora demonstrada por Bakhtin,[2] quanto com a capacidade intelectual do jornalista, filósofo e grande escritor em fazer uma análise crítica de seu tempo. Ao estudar a obra de Luiz Felipe Pondé[3] sobre a crítica de Dostoiévski à modernidade e a visão profética do ser humano e da história, me senti fascinada pela dimensão religiosa e mística presente na obra. O fascínio, então, estendeu-se e me lançou para o estudo da mística e da santidade, dessa vez atrelados a uma personagem contemporânea, que por sua história e seus escritos muito poderia esclarecer sobre os dilemas existenciais profundos de nossa era e de nossa condição humana.

A história de vida de Edith Stein, na mesma proporção que encanta, espanta o leitor, pois ela é o testemunho vivo, conforme já dissera uma vez João Paulo II, da síntese dramática do nosso século. Edith Stein não teve chances de atuação na área acadêmica, primeiro por ser mulher e, depois, com a ascensão do nacional-socialismo na Alemanha em 1933, por ser judia. Mais tarde, já convertida ao catolicismo e vivendo entre as carmelitas sob o nome de Teresa Benedita da Cruz, Edith Stein, na vontade de seguir o exemplo de Cristo, assume a Cruz e o sofrimento que recai sobre seu povo e se oferece em sacrifício por ele. Sua morte, em 1942, no campo de concentração de Auschwitz, retrata o exemplo mais forte de resistência à violência.

O encanto e o espanto aos quais me refiro ficam evidentes também quando nos deparamos com a imensa coerência presente entre sua vida e seu pensamento, uma harmonia que se dilacerou em meio às mais variadas formas de repartição e burocratização da própria vida e do conhecimento científico disseminado no campo acadêmico. Stein, diferente de Heidegger, não cai nas armadilhas da segmentação e da ruptura entre o que ensina e o que vive e, dessa forma, sua filosofia encontra apoio na própria vida e vice-versa.

---

[2] BAKHTIN, M. *Problemas da poética de Dostoiévski*. Rio de Janeiro: Ed. Forense Universitária, 2002.

[3] PONDE, L. F. *Crítica e profecia: a filosofia da religião em Dostoiévski*. São Paulo: Editora 34, 2003.

Sua experiência como judia, filósofa e mártir na Alemanha do século XX é um exemplo de resistência às potências violentas, descentralizadoras e alienantes do poder vigente com os quais não apenas o senso comum, mas também os intelectuais precisam se relacionar cotidianamente.

A unidade afetiva e intelectual de Edith Stein, diante da violência e injustiça, lembra as qualidades sugeridas por Platão: aquele que pratica a verdadeira filosofia deixa-se transformar por ela e, assim – engendrando uma mudança de atitude diante da vida comum e ordinária – mistura-se com o que ensina, tendo como aliado não mais as formas do poder vigente, mas uma ardente busca pela verdade. Sua filosofia como um todo, principalmente no que concerne ao aspecto pedagógico-antropológico, converge para uma ideia crítica, em que o fundamental não é o conhecimento enciclopédico baseado em moldes iluministas, mas uma educação que tenha por meta a verdadeira formação humana.

Podemos perguntar o que diz Edith Stein em suas obras que tanto confirmaria essa argumentação, e justamente aqui está o objetivo da minha pesquisa. Mesmo sabendo da importância da reflexão sobre a vida da autora, uma judia, filósofa, carmelita, mártir e santa, uma figura na qual podemos contemplar uma existência completa e complexa, ainda assim senti uma necessidade maior em me dedicar às suas contribuições teóricas para o campo da filosofia da religião e da mística, âmbito que, desde o início, foi a mola propulsora para os meus estudos.

Lendo suas obras encontrei uma pensadora exigente e rigorosa à maneira filosófica tradicional e cheia de inspiração. Sua filosofia bebe nas fontes da fenomenologia de Husserl – com quem teve contato durante os anos de formação em Göttingen – e, mais tarde, depois de sua conversão em 1922, deixa-se influenciar pelo grande escolástico: Tomás de Aquino. Desde o primeiro momento, Edith Stein mostra originalidade com relação às teorias de Husserl e passa a expor suas ideias de um modo autêntico.

Explico-me: embora a fenomenologia apresente um jargão próprio, uma linguagem filosófica elaborada e difícil, Edith Stein apropria-se dela e consegue, com clareza didática, ajudar o leitor "despreparado" a trilhar o caminho com mais facilidade. Essa terminologia, de acordo com a continuidade de suas pesquisas, passa a incorporar também a linguagem filosófica de São Tomás e, por essa razão, a constelação conceitual medieval e também do mundo antigo. É preciso ressaltar que o rigor intelectual de Stein não está apenas na terminologia rebuscada, mas no próprio esforço que ela faz para o encontro da verdade.

Sua verdadeira preocupação sempre foi essa busca e, por isso a disponibilidade espiritual em conceder à filosofia moderna, ou a antiga e medieval, um espaço no interior de suas pesquisas. A fenomenologia abriu uma fresta para a possibilidade de contemplação dessa verdade, ainda que num procedimento puramente racional, e preparou seu espírito para receber uma verdade superior, oferecida pela Revelação.

O trajeto que a leva da fenomenologia às questões metafísicas de São Tomás e, mais tarde, ao ensinamento da mística espanhola de Santa Teresa D´Ávila e São João da Cruz, é empreendido com a filosofia da pessoa, uma filosofia que se dedica em compreender o ser humano enquanto tal. Esse fato pode ser comprovado quando percorremos seus escritos e observamos uma tentativa de compreensão do fenômeno humano em suas diversas facetas.

O objetivo deste livro é estudar a concepção de Edith Stein sobre o ser humano, em sua estrutura essencial, em sua singularidade última, no laço que ele estabelece com os objetos, em sua relação com outros seres humanos e, por fim, em sua relação com Deus.

A antropologia é o tema que salta aos olhos em suas pesquisas. É o fio condutor de seus escritos, de onde partem as questões e para onde tudo converge. Conhecer o ser humano em sua relação com as coisas da natureza, com outras pessoas e com Deus é tarefa urgente do filósofo que se propõe a pensar sobre a existência e o sentido último que pode ser conferido a ele. Não quero dizer que Stein pratique uma mera filosofia antropocêntrica, mas para ela, o ponto de partida para alcançar as realidades mais altas – tal como faz Aristóteles e depois São Tomás – deve ser aquele que nos está mais próximo, como o conhecimento do mundo que nos circunda e a relação que com ele estabelecemos. Isso pressupõe o conhecimento daquilo de que somos feitos, nossa grandeza e miséria, do ser que nos constitui com todas as possibilidades e limitações.

Para Edith Stein, o ser humano é essencialmente um ser formado por corpo, alma e espírito e que deve, no decorrer da vida, desenvolver-se e aprimorar-se para se converter naquilo pelo qual foi chamado a ser. O entendimento sobre o homem deve ser a base do ato pedagógico por excelência.

O educador precisa formar e, para Stein, formar significa fazer com que o outro converta-se naquilo que ele deve ser. O ato pedagógico precisa de uma sólida concepção de ser humano, de uma antropologia que dê conta de sua profundidade, singularidade e mistério.

Sua análise sobre o homem parte da necessidade de fundamentação do ato pedagógico, cuja investigação consiste na descrição fenomenológica da estrutura psicofísica e espiritual do ser humano até alcançar a unidade substancial sobre a qual fundamenta-se a pessoa humana. A antropologia de Stein não se satisfaz apenas com o entendimento da estrutura essencial, ela quer compreender também a individuação dessa estrutura, compreender o que garante a singularidade peculiar a cada indivíduo. A perspectiva de uma antropologia filosófica explica os mecanismos e processos, bem como explica a relação do indivíduo com outras coisas e outros sujeitos, isolados ou no interior de uma comunidade. Para compreender o ser humano como um todo é preciso investigar também a relação que ele mantém com o ser eterno e, dessa forma, a antropologia de Stein converte-se numa antropologia teológica.

Tento demonstrar que o pensamento steiniano sobre o homem anda de mãos dadas com a pedagogia. É o seu fundamento e acena para a sua missão, cumprindo a exigência de que sua investigação antropológica repouse sobre uma abordagem filosófica – que opera com os instrumentos da razão natural –, mas também sobre uma abordagem teológica, fundada numa adesão à verdade Revelada sobre o homem.

O primeiro capítulo deste livro traz uma abordagem dos pressupostos filosóficos de Edith Stein, sua aproximação à fenomenologia de Husserl e o contato com a metafísica de Tomás de Aquino. A ênfase do capítulo não está em aprofundar os dados existenciais da autora nem focar em suas motivações, mas mostrar que delas Stein alcança uma filosofia que dialoga com ambas as correntes. A necessidade surgiu do próprio processo de pesquisa, pois compreender a concepção de Stein sobre o homem requer, de antemão, uma compreensão do "lugar" sobre o qual ela traça a sua investigação.

As análises sobre o corpo, a alma e o espírito são feitas sob uma perspectiva descritiva fenomenológica para em seguida serem submetidas a um questionamento metafísico. Esse é o enquadramento que Stein dá à questão antropológica e, por isso também, a necessidade de uma explicitação do modo de tratamento que ela dá às questões. As áreas conceituais que abrangem o capítulo como um todo servem para ajudar o leitor interessado a situar-se no esquema geral de seu pensamento.

O segundo capítulo dedica-se ao estudo da antropologia filosófica propriamente dita e as relações que esta estabelece com a pedagogia. Para Stein, a antropologia é fundamento da teoria e da prática pedagógica e ela desenvolve, com análise profunda, a sua própria concepção de ser humano. Trata-se de uma pessoa livre e espiritual, formada por corpo, alma e espírito, que difere em seu lado espiritual dos animais e, por sua natureza corpórea, dos anjos. A análise de Stein engloba o problema dos valores, da vontade, das motivações e do caráter e não se atém somente ao indivíduo isolado, mas em que medida ele deixa-se determinar pelo social. Daí a necessidade de atrelar à discussão o tema da empatia e dos laços que unem o indivíduo à comunidade.

O terceiro e último capítulo discorre sobre a antropologia teológica de Stein e as respectivas consequências pedagógicas que exerce sobre a conduta do educador. O ser humano não pode ser compreendido unicamente pela luz da razão natural, encontrando os seus próprios limites, então Stein solicita como complemento de sua análise os conteúdos da fé e da Revelação. No interior deste estudo, comparece a relação entre o ser finito e o ser eterno, a liberdade e o mal na obra de salvação do ser humano, bem como o tema da santidade. O tema da mística não é diretamente enfrentado aqui, mas certamente paira sobre todas essas questões.

A leitura das obras de Stein foi complementada com a análise de seus textos. Muitas vezes procurei ajuda na fortuna crítica e busquei costurar suas informações com a interpretação que eu, paulatinamente, alcançava sobre o que ela escrevia. Edith Stein é uma filósofa rigorosa e seus textos muitas vezes dialogam com o jargão medieval e grego. A leitura de seu texto em vários momentos remete-nos à obra de outros filósofos ou à ajuda dos comentadores.

A relevância de seu pensamento já fora mencionada por João Paulo II, em seu *Fides et ratio,* como filosofia corajosa e exemplar na relação com a palavra de Deus,[4] fundamental para os tempos atuais. Sua filosofia não dialoga com os modismos intelectuais ou a ideologia dominante, mas com a verdade, e daí a sua grandeza e importância. Edith Stein é uma daquelas

---

[4] JOÃO PAULO II. *Fides et Ratio*. 10ª ed. São Paulo: Ed. Paulinas, 2008, p. 99.

pensadoras que, na contrapartida da filosofia moderna, não elimina do horizonte de suas meditações a possibilidade de um conhecimento do ser e da verdade e, por isso, creio que sua obra como um todo possa ser considerada um verdadeiro elogio à razão humana. Elogio não ao *status* da razão moderna, à razão meramente normativa e instrumental, mas à razão como era entendida pelos gregos e medievais.

Suas contribuições para o campo da filosofia da religião são significativas e enriquecem o debate atual sobre a possibilidade de conciliação entre fé e razão; sobre o problema entre gênero e religião; sobre a possibilidade de diálogo entre judeus e cristãos – Stein morre por ser judia e, por aceitar o martírio, é canonizada –; sobre sua concepção antropológica, que não sujeita o ser humano a nenhum tipo de idealização ou redução, mas revela-o em sua grandeza e miséria; e sobre suas inserções no terreno do místico e da santidade.

Capítulo I

GNOSIOLOGIA

◇◇◇◇◇◇◇◇◇◇◇◇◇◇◇◇◇◇◇◇◇◇◇◇◇◇◇◇◇◇

1.1 – AS BASES FILOSÓFICAS DE EDITH STEIN

A fenomenologia constitui um dos pilares sobre os quais Edith Stein assenta sua filosofia. Outro, é o diálogo constante que ela busca com o pensamento tomista. É no interior desse movimento de aproximação entre ambas as correntes – fenomenologia e tomismo – que se encontra o projeto filosófico maior de Edith Stein, que se desdobra, inclusive, na abordagem da estrutura da pessoa humana em sua relação com as coisas, com outros seres humanos e com Deus.

Segundo a autora Anna Maria Pezzella,[5] no estudo sobre a antropologia filosófica em Edith Stein, a pergunta pelo ser humano – invocada por Stein – envolve toda a obra e encontra lugar seja na fenomenologia, seja na filosofia católica. Discípula de Husserl (1859-1938), que investigava profundamente o eu puro, mas também o corpo, a psique e o espírito, ela capta o eu enquanto um ser que habita um corpo que sente, percebe, move-se e abre-se ao mundo e a outros sujeitos. Convertida ao catolicismo e às leituras de Tomás de Aquino (1225-1274), amplia sua reflexão para a relação do homem com Deus, aceitando em suas pesquisas os dados da Revelação, bem como o exame da alma fornecido pela mística espanhola.[6]

Sobre o projeto filosófico desenvolvido por Stein ao longo da vida, alguns estudiosos costumam dividir a produção literária em três períodos: a primeira fase pode ser caracterizada como o período fenomenológico, que se estendeu desde sua tese de doutorado em Göttingen (1916) até sua conversão ao catolicismo em 1922; a segunda fase, que vai de 1922 a 1938, sua passagem do Carmelo de Colônia ao Carmelo de Echt na Holanda, concentra os estudos de caráter pedagógico-antropológico; e, por fim, de

---

[5] PEZZELLA, Anna Maria. *L'Antrologia Filosofica di Edith Stein: Indagine Fenomenologica della Persona Umana*. Roma: Città Nuova, 2003, p. 9.

[6] A mística de dois grandes nomes: São João da Cruz e Santa Teresa D'Avila, representantes da mística do século XVI na Espanha e representantes da ordem dos carmelitas descalços, segundo Lima Vaz, são os dois grandes nomes de uma literatura que testemunha toda a plenitude simbólica e doutrinal da "mística nupcial" presente na tradição cristã. Edith Stein, carmelita, dedica-se à vida e obra dos dois mestres espirituais de sua ordem, no que concerne à narração que eles concedem sobre os caminhos que levam a alma ao conhecimento de si mesma e assim, ao encontro com Deus. LIMA VAZ, Henrique, C., *Experiência mística e filosofia na tradição ocidental*. São Paulo: Loyola, 2000, p. 72.

1938 a 1942, Edith Stein produziu os escritos eminentemente místicos no próprio Carmelo de Echt.[7]

Dentre os escritos fenomenológicos estão a tese de doutorado, *Sobre o problema da empatia*,[8] defendida em 1916 sob a orientação de Husserl; os dois ensaios de 1922, conhecidos como *Beiträge*,[9] *Uma pesquisa sobre o Estado*, de 1925. Minha atenção é detida na tese de doutorado, em que ela delineia alguns temas importantes em reflexões posteriores, como o posicionamento frente à fenomenologia de Husserl e os diversos aspectos da vivência intersubjetiva.

Entre as reflexões do segundo período, destaco duas obras. A primeira delas diz respeito a um texto, publicado em 1929, no qual ela promove um confronto muito interessante entre a fenomenologia de Husserl e a filosofia perene de São Tomás,[10] buscando possíveis convergências entre os dois pensadores, demonstrando o espírito que permeia a filosofia medieval e a filosofia moderna.

O segundo texto, *A estrutura da pessoa humana*,[11] que será examinado mais adiante e que integra o período pedagógico-antropológico, refere-se ao livro em que a autora, de maneira bastante autêntica, lança as bases filosóficas

---

[7] STEIN, Edith. *Los Caminos del Silencio Interior*. Buenos Aires: Bonum, 2006, p. 13.

[8] *Zum Problem der Einfühlung*. STEIN, Edith. *On the Problem of Empathy*. Tradução direta do alemão por Waltraut Stein. Washington: ICS Publications, 2002.

[9] "Beiträge zur philosophischen Begründung der Psychologie und der Geisteswissenschaften", publicado pela primeira vez no Jahrbuch – revista de publicação de pesquisas fenomenológicas coordenada por Husserl: STEIN, Edith. *Philosophy of Psychology and the Humanities*. Tradução direta do alemão por Mary Catharine Baseheart e Marianne Sawicki. Washington: ICS Publications, 2000.

[10] "Husserl's Phenomenology and the Philosophy of St. Thomas Aquinas: Attempt at a Comparision". Este texto faz referência a um ensaio publicado por Edith Stein no Jarbuch em 1929; *Person in the World: Introduction to the Philosophy of Edith Stein*. Tradução direta do alemão por Mary Catharine Baseheart. Netherlands: Kluwer Academic Publishers, 1997.

[11] *Der Aufbau der Menschilichen Person*. STEIN, Edith. *La Estructura de la Persona Humana*. Tradução direta do alemão por José Mardomingo. Madrid: BAC, 2002.

para uma antropologia. Póstumo, o livro é resultado de um curso de inverno ministrado por ela em 1933, quando ocupava a cátedra no Instituto Alemão de Pedagogia Científica, em Münster. Além de haver uma clara harmonização entre a aplicação do método fenomenológico sobre questões metafísicas já levantadas por Tomás de Aquino, há também um duplo aspecto que percorre o pensamento antropológico da autora, na tentativa de desvendar a estrutura essencial comum a todos os seres humanos e, simultaneamente, descobrir a essência última que garante a singularidade do indivíduo.

A questão referente à individuação da estrutura essencial é o que Anna Maria Pezzella[12] considera como pergunta crucial no pensamento antropológico de Edith Stein e que será realmente enfrentada de forma sistemática em seu trabalho maior de ontologia, *Ser finito e ser eterno: uma ascensão ao sentido do ser.*[13] Este último faz parte do terceiro período, em que ela já encontrava-se vivendo no Carmelo, sob o nome de Teresa Benedita da Cruz, momento em que constituiu, para alguns estudiosos, sua grande obra. Trata-se, em linhas gerais, de uma leitura fenomenológica da tradição filosófica antiga, medieval e contemporânea, e de uma obra longa e importante para quem quer compreender seu pensamento. Pela vastidão das questões e a complexidade dos temas, não será possível uma discussão sistemática, apenas o apontamento de alguns debates férteis para o tema da antropologia.

É preciso sublinhar que a antropologia filosófica de Edith Stein move-se para além de si mesma na medida em que aborda o terreno da fé e acolhe os conteúdos da Revelação e da mística, principalmente em sua última fase, na qual ela compôs profundas meditações sobre a experiência de

---

[12] PEZZELLA, Anna Maria. *L'Antrologia Filosofica di Edith Stein: Indagine Fenomenologica della Persona Umana.* Roma: Città Nuova, 2003, p. 9.

[13] *Endliches und Ewiges Sein. Versuch eines Ausftiegs zum Sinn des Seins.* Versão mexicana: STEIN, Edith. *Ser Finito y Ser Eterno: Ensayo de una Ascensión al Sentido del ser.* Tradução direta do alemão por Alberto Perez Monroy. México: Fondo de Cultura Econômica, 1994. Esta obra está abreviada ao longo do trabalho sob a forma: *Ser Finito y Ser Eterno.*

fé radical dos dois grandes místicos de sua ordem: Teresa D'Ávila (1515-1582) e São João da Cruz (1542-1591).

Isso nos faz crer que a sede de verdade que tanto a atormentou não se deteve diante das fronteiras do racionalismo, mas, ao contrário, buscou-a com o reconhecimento dos limites da própria razão. É interessante notar que a autora, antes de mergulhar na contemplação dos caminhos da alma até Deus, percorreu um trajeto filosófico-fenomenológico que perpassa as obras e que não pode ser ignorado quando se deseja entender sua doutrina espiritual. Em seu último livro, *A ciência da cruz*,[14] Edith Stein faz uma meditação profunda sobre a personalidade e a obra mística de São João da Cruz e, simultaneamente, revela a concepção do ser pessoal levado às últimas consequências de seu desenvolvimento.

Na realidade, ela não se atém apenas a comentários, mas "desenvolve a doutrina dele sobre a Cruz, até atingir o núcleo da filosofia da pessoa".[15] Portanto, os escritos de Edith Stein sobre a mística devem ser levados em consideração, na medida em que encerram e iluminam a concepção sobre a estrutura da alma humana em sua intrínseca busca de sentido.

1.2 – O ENCONTRO COM A FENOMENOLOGIA DE HUSSERL

O encontro de Edith Stein com a fenomenologia de Husserl é narrado de forma bastante interessante no livro de Alasdair MacIntyre, que faz um prólogo filosófico, buscando alojar o pensamento da autora na história da filosofia, mais especificamente, na relação que ela mantinha com Husserl e, por consequência, com a tradição que remonta à Kant (1724-1804), Hume

---

[14] *Kreuzeswissenschaft*. Tradução para o português: STEIN, Edith. *A Ciência da Cruz*. Tradução direta do alemão de Beda Kruse. São Paulo: Loyola, 2004.

[15] TUROLO, Jacinta. *A Formação da Pessoa Humana*. 2ª ed. São Paulo: Loyola, p. 61.

(1711-1776) e Descartes (1596-1650). No livro, ele concentra as análises no período que se estende de 1913, época em que ela chega a Göttingen, até 1922, ano de sua conversão ao catolicismo e, apesar de sua contribuição estar voltada para o pensamento fenomenológico da autora, ele não abdica de explorar as profundas relações existentes entre a vida e a obra, identificando que dessas relações surgem questões que se tornam objetos da própria filosofia. Portanto, ao falar sobre o envolvimento de Stein com a fenomenologia, ele primeiro oferece um olhar sobre sua vida.

Segundo o autor, a aproximação com a corrente fenomenológica ocorre nos anos de formação de Edith Stein na Universidade de Breslau, onde ela estudava História e Filologia, interessando-se depois por Filosofia e Psicologia Experimental, cujos professores, Richard Hönigswald (1875-1947) e Louis William Stern (1871-1938), apresentaram-na aos escritos de Husserl.

Richard Hönigswald, de descendência judaica, lecionou em Breslau de 1906 a 1930, quando foi transferido para Munique. Em 1933, com a ascensão do nacional-socialismo na Alemanha, é expulso da Universidade e enviado para Dachau. Com muita sorte é liberado e emigra para os Estados Unidos, onde continua a pesquisa filosófica até sua morte. Sua linha de investigação segue o neokantismo de seu professor em Halle, Alois Riehl (1844-1924), porém adquire uma versão própria e inovadora ao tentar encontrar no esquema kantiano um lugar para a subjetividade individual.[16] Edith Stein interessava-se por suas aulas de História da Filosofia e por seu raciocínio dialético, enquanto os cursos sobre filosofia da natureza eram, como observado pela própria Stein, na realidade, "devotados exclusivamente à exposição de suas próprias posições neokantianas" e que "existiam coisas que ninguém ousava nem mesmo pensar durante as aulas de Hönigswald.

---

[16] MACINTYRE, Alasdair. *Edith Stein: A Philosophical Prologue (1913-1922)*. Maryland: Rowman and Littlefield Publishers, 2006, p. 13.

Já fora da sala de aula eu não podia ignorá-las".[17] MacIntyre, ao tentar esclarecer as inquietações da autora durante esse período, aponta para o fato de que suas dúvidas, alimentadas pelos estudos de psicologia, não encontravam respostas no neokantismo de Hönigswald.

Nos cursos de William Stern, ministrados no verão e inverno de 1912, ela entra em contato com a psicologia empírica desenvolvida pela escola de Würzburg, cujo fundador Oswald Külpe (1862-1915) tinha por objetivo um aprofundamento da pesquisa iniciada por seu professor Wilhem Wundt (1832-1920), em Leipzig.

Consistia esse projeto em experimentos para possibilitar a apreensão de conteúdos da consciência por meio de introspecções controladas com enfoques diferenciados. Enquanto Wundt levava em consideração o conteúdo de imagens, sensações, sentimentos e desejos, Külpe e a escola de Würzburg concentrava os esforços na atividade do pensamento, indagando-se a respeito da diferença e da relação existente entre o pensamento e os outros tipos de atos mentais e como eles tornavam-se individuados uns dos outros. Por meio da literatura dessa escola e os escritos relativos a ela, Edith Stein entra em contato com as *Investigações lógicas* de Husserl e fica muito interessada com a perspectiva inovadora do autor.

Nessa mesma época, recebe de um jovem professor o segundo tomo das *Pesquisas lógicas* e fica fascinada pela grandeza da filosofia de Husserl, convencendo-se de que deveria ir a Göttingen para ter aulas com o mestre. Essa decisão de sair da terra natal foi incentivada por eventos paralelos. Edith animou-se ao ver em uma revista o retrato de Conrad-Martius (1888-1966), uma jovem aluna de Husserl laureada com o prêmio de filosofia.[18] Além disso, seu primo, Richard Courant (1888-1972), professor de matemática em Göttingen,

---

[17] *Ibid.*, p. 13.

[18] Conrad-Martius foi laureada com o livro *Die Erkenntnis-theoretischen Grundlagen des Positivismus.*

ofereceu à senhora Stein receber Edith e sua irmã Erna. A senhora Stein, judia fervorosa, embora tivesse consciência e orgulho dos dotes intelectuais da filha caçula, temia por sua fé em meio a cientistas e pensadores livres e, portanto, bastante contrariada, concedeu a permissão para Edith partir.[19]

Os anos em Göttingen são determinantes na trajetória intelectual de Edith Stein. Lá ela relacionou-se com o Círculo de Göttingen, cujos integrantes eram jovens estudiosos que vinham de todos os lados da Europa para estudar a fenomenologia, que mostrava-se como o novo ponto de partida da filosofia, fazendo frente ao neokantismo disseminado nas Universidades Europeias.

Entre eles, alguns estudantes de Munich, tais como Adolph Reinach (1883-1917), que em 1905 procura Husserl para fazer a sua *Habilitationsschrift*, Theodor Conrad (1881-1969), que em 1907 funda a Sociedade Filosófica de Göttingen e outro grande nome da fenomenologia, Max Scheler (1874-1928). Também se juntaram a eles Alexander Koyré (1892-1964), de Paris, Hans Lipps (1889-1941), Jean Hering (1890-1966), Roman Ingarden (1893-1970), Hedwig Martius, que em breve casaria-se com Theodor Conrad, e, em 1913, Edith Stein.

Husserl estava em Göttingen desde 1901, um ano após ter publicado o primeiro volume das *Investigações lógicas*, e tinha como assistente e responsável pelo curso de iniciação à fenomenologia o estudioso Adolph Reinach, de Munique, com quem Edith Stein fez a primeira entrevista na Universidade. Reinach conhecia muito bem a fenomenologia e chegou às teorias de Husserl por meio da crítica que este fizera ao seu ex-professor de Munich, Theodor Lipps (1851-1947), professor também de Alexander Pfänder (1870-1941) e Conrad.

As críticas direcionadas a Lipps revelam-nos a "batalha" de Husserl contra o psicologismo. Muito embora ocupasse a cátedra de professor de

---

[19] MIRIBEL, Elisabeth. *Edith Stein: como ouro purificado pelo fogo*. 3ª ed. Aparecida, SP: Editora Santuário, 2001, p. 42.

filosofia, o interesse de Lipps, na realidade, era voltado para a psicologia e, segundo MacIntyre, o desenvolvimento de sua teoria indicava que a "lógica deveria estar fundada numa explicação da atividade mental proporcionada pela psicologia empírica",[20] perspectiva que se chocava com a de Husserl, para quem a submissão da lógica à psicologia era um equívoco que precisava ser combatido. Adolph Reinach e seus colegas – interessados nas observações de Husserl sobre a teoria de Lipps – descobrem as *Investigações lógicas* e constatam nela "um trabalho que redefinia a filosofia para eles".[21]

Tal encantamento pelo novo método não era aleatório, mas fundamentado na redefinição que Husserl propunha para os rumos da filosofia depois de Kant. Esse também é o motivo pelo qual Stein aproximava-se dessa corrente. No entanto, o fascínio exercido pela primeira grande obra de Husserl nos anos de 1900-1901 iria sofrer abalos quando ele, em 1913 – ano em que Edith chega a Göttingen – publica sua nova obra: *Ideias para uma fenomenologia pura e uma filosofia fenomenológica.*[22]

Alguns membros do Círculo de Göttingen rejeitam a mudança de perspectiva elaborada por Husserl e terminam afastando-se dele, enquanto outros como Edith Stein permanecem não totalmente fiel a sua teoria, pelo menos considerando tais mudanças como as consequências do aprofundamento do próprio método. Para compreender a posição de Edith Stein e também as suas contribuições para a nova ciência, é preciso que se faça um esclarecimento prévio sobre o método de Husserl, ao qual a autora esteve tão ligada durante os anos de formação.

---

[20] MACINTYRE, Alasdair. *Edith Stein: A Philosophical Prologue (1913-1922)*. Maryland: Rowman and Littlefield Publishers, 2006, p. 17.

[21] *Ibid.*, p. 17.

[22] Quando me referir a esta obra será sob o nome abreviado de *Ideias*. Esta obra de Husserl está disponível em língua portuguesa: HUSSERL, E. *Ideias para uma fenomenologia pura e para uma filosofia fenomenológica*. Tradução direta do alemão de Márcio Suzuki. Aparecida, SP: Ideias & Letras, 2006.

1.3 – O QUE É A FENOMENOLOGIA?

A fenomenologia[23] constitui uma das bases sobre as quais Edith Stein formula as questões filosóficas, tendo como fio condutor do pensamento a estrutura ôntica do indivíduo humano. A forma de proceder na análise antropológica realizada por ela absorve em seu interior os ensinamentos da fenomenologia e, consequentemente, expressa-se enquanto uma antropologia fenomenológica.[24]

Num pequeno texto traduzido para o italiano sob o nome de *Che Cos'è la Fenomenologia,*[25] Edith Stein aborda três elementos fundamentais do método, buscando uma relação entre a fenomenologia e as duas grandes correntes filosóficas da idade moderna: a filosofia católica que remonta à escolástica tradicional e a filosofia kantiana. Os três elementos são, respectivamente: a objetividade do conhecimento, a intuição e o idealismo. Em primeiro lugar, tratarei de explicitar o que significa cada um dos elementos,

---

[23] A fenomenologia é um movimento de ampla difusão dentro da filosofia do século XX e tem como seu fundador Edmund Husserl (1859-1938), na Alemanha. Este movimento se disseminou e influenciou grandes pensadores, tais como Max Scheler e Martin Heidegger (1889-1976) na Alemanha, Jean-Paul Sartre (1905-1980) e Maurice Merleau-Ponty (1908-1961) na França. Martin Heidegger assume a cátedra de filosofia de Husserl em Friburg e dedica sua obra mais conhecida, *Ser e tempo*, ao mestre. Seu pensamento assume o método fenomenológico, ainda que sua filosofia seja muito diferenciada daquela de Husserl, voltando-se para a investigação da existência e do sentido do ser, sem fazer uso da redução transcendental. Sartre, por sua vez, absorve o conceito de intencionalidade da consciência da fenomenologia, mas renega a virada idealista de Husserl; Merleau-Ponty adere ao teor da fenomenologia, principalmente, no sentido de buscar a essência da percepção e a essência da consciência, mas mantém sua filosofia a certa distância daquela praticada por Husserl. Existe também a corrente conhecida sob o nome de fenomenologia da religião, cujos principais representantes são Rudolf Otto (1869-1937) e Gerardus van der Leeuw (1890-1950) que, em linhas gerais, usam o método fenomenológico como instrumento para entender a essência da religião e a essência da experiência do sagrado.

[24] PEZZELLA, Anna Maria. *L'Antrologia Filosofica di Edith Stein: Indagine Fenomenologica della Persona Umana.* Roma: Città Nuova, 2003, p. 19.

[25] Artigo publicado pela primeira vez em 1924, quando Edith Stein estava em Spira entre as dominicanas. Na tradução para o italiano, o artigo encontra-se numa coletânea de textos: STEIN, Edith. *La Ricerca della Verità: dalla Fenomenologia alla Filosofia Cristiana.* Ed. Angela Ales Bello. 3ª ed. Roma: Città Nuova, 1999.

para mostrar, mais adiante, o que eles mantêm em comum com as escolas filosóficas mencionadas anteriormente.

1.3.1 – A objetividade do conhecimento

A temática sobre a objetividade do conhecimento nos ajuda a entender, por um lado, a polêmica de Husserl contra o psicologismo defendido por Theodor Lipps, bem como a atração de seus alunos pela fenomenologia e, por outro, ilumina a descoberta feita por Edith Stein sobre o estado incipiente da psicologia de sua época. Amparada no texto acima mencionado, a autora insiste que a ideia de uma verdade absoluta, aliada ao conhecimento objetivo, são méritos das *Investigações lógicas* e evidenciam a convicção de Husserl contra as várias tendências relativistas da filosofia contemporânea, tais como o naturalismo, o psicologismo e o historicismo. Isso significa dizer que a verdade, diferente do que pensa uma grande parte da filosofia moderna, não é produzida pelo espírito humano, mas por ele descoberta. Diz Edith Stein:

> *Se a natureza humana, se o organismo psíquico, se o espírito do tempo se transformam, então também as opiniões dos homens se transformam, mas a verdade não muda.*[26]

Tal afirmação, na medida em que coloca a verdade como imutável e eterna, aproxima a fenomenologia da grande tradição filosófica desde Platão, Aristóteles, da Escolástica e, certamente, não por mero acaso.

Antes de entrar para o campo da filosofia, Husserl era treinado em ciências exatas e matemático de formação, mas sempre com um interesse

---

[26] STEIN, Edith. *La Ricerca della Verità: dalla Fenomenologia alla Filosofia Cristiana*. Ed. Angela Ales Bello. 3ª ed. Roma: Città Nuova, 1999, p. 58.

particular pela filosofia. De 1884 a 1886 foi aluno de Franz Brentano (1838-1917) em Viena e esse encontro não seria privado de consequências.[27] Brentano havia sido padre e bem instruído sobre os aristotélicos medievais, o que, segundo MacIntyre, era raro entre os filósofos alemães e austríacos.[28] Além disso, estudou em Berlim com o maior especialista em Aristóteles do século XIX, Adolf Trendelenburg (1802-1872), que influenciou profundamente a sua maneira de fazer filosofia, formular questões, resolver problemas e adotar perspectivas. Segundo MacIntyre, toda essa forma foi transmitida de Brentano a Husserl.

A pesquisa de Brentano investia na descoberta de uma nova ciência da mente e, para isso, investigava os atos mentais que, em sua concepção, diferenciavam-se entre si pelo que ele denominava intencionalidade. Isso significa: "dizer que um ato é intencional é dizer que ele está direcionado para um objeto";[29] e faz com que um pensamento ou percepção sejam sempre o pensamento *sobre* algo ou percepção *de* algo. O conceito de intencionalidade – retirado da escolástica da Idade Média por Brentano – se faz presente em todos os fenômenos mentais e, quando absorvido por Husserl, torna-se central no desenvolvimento do seu método, como uma estrutura inerente à consciência, de "natureza lógico-transcendental".[30]

Husserl recebe a influência de outro estudante de Brentano, Casimir Twardowski (1866-1938), que propõe algumas reformulações das teses do professor ao sublinhar a necessidade de distinção entre *o objeto* do ato mental – como o objeto de um pensamento ou de um desejo – e o *conteúdo* desse ato,

---

[27] BELLO, Angela Ales. *L'Universo nella Coscienza: Introduzione alla Fenomenologia di Edmund Husserl, Edith Stein, Hedwig Conrad-Martius*. Pisa: Edizioni ETS, 2007, p. 14.

[28] MACINTYRE, Alasdair. *Edith Stein: A Philosophical Prologue (1913-1922)*. Maryland: Rowman and Littlefield Publishers, 2006, p. 23.

[29] *Ibid.*, p. 23.

[30] HUSSERL, Edmund. *A crise da humanidade europeia e a filosofia*. 2ª ed. Porto Alegre: EDIPUCRS, 2002, p. 32.

por exemplo, os signos ou imagens de que se faz uso. O objeto e o conteúdo existem e reservam para si propriedades diferenciadas, sendo o objeto aquele que fornece o material, concreto ou abstrato, para que a mente seja capaz de operar enquanto tal, e o conteúdo, a forma como a mente pode se referir de incontáveis maneiras a um mesmo objeto. Por exemplo, "quando eu uso a expressão 'pássaros' para me referir a todos os pássaros que já existiram"[31] ou quando penso em Viena, meu pensamento talvez tenha "o conteúdo de uma imagem da cidade ou talvez consista nas palavras *a capital da Áustria*".[32]

O problema do psicologismo é vizinho dessa discussão, na medida em que nele ocorre a assimilação dos objetos dos atos mentais aos seus conteúdos, gerando assim uma redução do objeto a aspectos da vida mental dos indivíduos particulares. Segundo MacIntyre:

> *Isso confunde a pergunta "Quais são as características do objeto desse pensamento?", com a pergunta: "Quais as características que o pensamento desse indivíduo possui?", e assim, reduz a pesquisa dos aspectos dos atos mentais a um estudo dos episódios e estados de ânimo que ocorrem na vida mental de pensadores individuais.*[33]

Essa polêmica é, sobretudo, reveladora para a compreensão daquilo que Husserl propõe de inovador no segundo volume das *Investigações lógicas* e que configura o interesse maior dos discípulos por seu pensamento. Tal inovação consiste, principalmente, numa ruptura com a filosofia kantiana e com qualquer forma de idealismo, para dar lugar a um realismo que assegure o conhecimento objetivo das coisas e do mundo.

---

[31] MACINTYRE, Alasdair. *Edith Stein: A Philosophical Prologue (1913-1922)*. Maryland: Rowman and Littlefield Publishers, 2006, p. 25.

[32] *Ibid.*, p. 25.

[33] *Ibid.*, p. 25.

Na primeira *Investigação*,[34] ele analisa a capacidade que possui a linguagem em expressar os sentidos ideais e os conceitos ideais fornecidos na experiência e, assim, referir-se ao que é independente dos atos mentais e do julgamento que possamos ter a respeito deles. Os atos mentais, como percepção, imaginação, vontade, memória e julgamento, são regidos por uma estrutura intencional que aponta para algo que está fora dela mesma e que, no entanto, relaciona-se com ela. Essas considerações resultam da reelaboração feita por Husserl sobre o conceito de intencionalidade de Brentano, que se faz presente nessa perspectiva de que os atos mentais dirigem-se aos objetos, e que os objetos em si não estão na mente, mas são realidades externas a qualquer mente em particular.

Em contraposição à concepção cartesiana, a mente para Husserl permanece incompleta se não houver o encontro com esses objetos-independentes dela e, por isso, "Voltar às coisas mesmas!" tornou-se o lema dessa corrente. De um ponto de vista mais abrangente, o realismo alcançado por Husserl nesse momento significa o despertar, no interior do cenário intelectual europeu, de um novo ponto de partida na filosofia, uma volta ao mundo do pensamento objetivo e, segundo Miribel, uma volta "ao estudo da escolástica medieval, da sabedoria antiga e principalmente dos trabalhos de Santo Agostinho, de Duns Scotus, de Santo Tomás e de Platão".[35]

O que Edith Stein viu no método de Husserl, portanto, era um novo ponto de partida para pensar, inclusive, os fundamentos das ciências, na medida em que a fenomenologia captura e coloca em questão aquilo que as ciências particulares assumem como dado. Isso explica também a "crise" da autora com a psicologia empírica e sua visão de que se tratava de uma ciência

---

[34] *Ibid.*, p. 41.

[35] MIRIBEL, Elisabeth. *Edith Stein: como ouro purificado pelo fogo*. 3ª ed. Aparecida, SP: Editora Santuário, 2001, p. 58.

que estava "ainda engatinhando, e que lhe faltava fundamentos objetivos".[36] Segundo Ana Maria Pezzella, "Edith Stein critica o fato da psicologia da época considerar-se como ciência geral do espírito, não sendo ainda capaz de diferenciar o campo do espírito e da psique".[37] Dessa forma, sua compreensão do indivíduo assume a perspectiva fenomenológica e, com a descrição dos atos e das vivências, alcança o que há de essencial e inconfundível entre as três dimensões interligadas do ser humano: o corpo, a alma e o espírito.

1.3.2 – A intuição

O tema da intuição é um assunto bastante complexo, pois envolve debates centrais da fenomenologia, tais como a reivindicação da evidência da essência enquanto conhecimento não arbitrário e a polêmica aberta de Husserl contra o empirismo e o idealismo. Em seu texto *Che cos'è la fenomenologia?* Edith Stein nos diz que a filosofia não pode ser entendida como uma ciência dedutiva, nem como ciência indutiva. Sua forma de proceder não opera segundo as leis da matemática nem sob o registro das ciências naturais, embora a "indução e a dedução possam ajudar em certo modo".[38] A filosofia serve-se de uma outra forma de conhecimento: a intuição, modo de conhecimento que Husserl já havia solicitado para o desenvolvimento de seu método, visto que se direciona ao conhecimento das essências, ponto central da fenomenologia.

Quando Husserl lança, em 1900, o primeiro volume das *Investigações lógicas,* ele é, de imediato, aprovado pela intelectualidade

---

[36] MIRIBEL, Elisabeth. *Edith Stein: como ouro purificado pelo fogo.* 3ª ed. Aparecida, SP: Editora Santuário, 2001, p. 43.
[37] PEZZELLA, Anna Maria. *L'Antrologia Filosofica di Edith Stein: Indagine Fenomenologica della Persona Umana.* Roma: Città Nuova, 2003, p. 38.
[38] STEIN, Edith. *La Ricerca della Verità: dalla Fenomenologia alla Filosofia Cristiana.* Ed. Angela Ales Bello. 3ª ed. Roma: Città Nuova, 1999, p. 59.

neokantiana que dominava as universidades alemãs. Nessa obra, ele aborda temas relativos à lógica pura, posiciona-se contra o psicologismo, utiliza uma linguagem próxima de Kant e distingue as leis universais das meras generalizações empíricas e, assim, é visto como um pensador que compartilha dos princípios hegemônicos.[39] Todavia, no ano seguinte, com a publicação do segundo volume das *Investigações*, no qual ele expõe sua doutrina de fato, é recepcionado de forma hostil por esse mesmo público. Pergunta-se: o que havia na teoria de Husserl que o levou tão distante do credo kantiano e neokantiano? MacIntyre oferece-nos uma resposta que se dá em duas etapas.

Em primeiro lugar, Husserl identificou que Kant construiu sua epistemologia partindo, principalmente, da questão levantada por Hume sobre a experiência sensível a fim de superá-la, porém, uma de suas questões centrais era que Hume havia falhado na elaboração da experiência sensível, acarretando um equívoco de avaliação sobre os objetos da percepção. Consequentemente, a perspectiva assumida por Husserl era de que o erro de Hume poderia pressupor que a resposta de Kant repousasse sobre uma falácia. É preciso, portanto, investigar a avaliação feita por Kant sobre a teoria de Hume e, então, o entendimento de Husserl sobre essa mesma teoria.[40]

MacIntyre abre o capítulo sobre essa "história de fundo", trazendo a teoria de Hume sobre a percepção e sobre o contraste existente entre os objetos da percepção quando assumidos pelo senso comum ou pelo olhar do filósofo.

Para Hume, as percepções da mente são nada mais do que impressões ou ideias, adquiridas na experiência, e que podem ser simples ou

---

[39] MACINTYRE, Alasdair. *Edith Stein: A Philosophical Prologue (1913-1922)*. Maryland: Rowman and Littlefield Publishers, 2006, p. 41.

[40] *Ibid.*, pp. 27-28.

complexas. Impressões ou ideias complexas correspondem a um complexo de impressões ou ideias simples, e isso leva-nos a crer que, para Hume, os objetos da percepção mostram-se apenas como meras sequências de impressões sensíveis e nada mais. Mas, indaga-se ele: de onde provém a noção divulgada entre o senso comum, de que há nas coisas uma continuidade e existência distinta entre um episódio e outro, ou até uma relação de causa e efeito? Por exemplo, numa situação em que "um objeto se faz visível, some de vista e depois reaparece".[41] E sua resposta: da imaginação e da crença gerada por ela de que "causas e efeitos são derivados de nossas constantes experiências de conjunção" e de "fazer inferências dos fatos de conjunção observados".[42] Isso significa que, do ponto de vista filosófico, o que nos é apresentado na experiência sensível é bem diferente do que atribuímos a ela por meio da imaginação, como, por exemplo, a conexão necessária, a continuidade de corpos e a identidade.

As consequências epistemológicas dessa visão recaem sobre a incapacidade de possuir um conhecimento genuíno sobre as leis necessárias e universais que regem o movimento dos corpos; visão essa que nega as descobertas das leis de Newton (1643-1727), colocando-as como resultado da imaginação.

É sobre esse conflito que Kant irá apoiar-se para elaborar sua teoria do conhecimento, aceitando, por um lado, os dados da experiência sensível de Hume, mas, por outro, reformulando as atribuições que a mente projeta na experiência de um jeito que não se identifique com ficções ou ilusões.

Para Kant, sem a sensibilidade não seria possível a apreensão dos objetos da experiência e, sem o entendimento, nenhum desses objetos

---

[41] *Ibid.*, p. 30.
[42] *Ibid.*, p. 30.

poderia ser pensado, portanto, é preciso reportar-se a essas duas fontes, a sensibilidade e o entendimento, para neles buscar os princípios que fundamentam o próprio conhecimento. A essa pesquisa Kant deu o nome de *filosofia transcendental*, a tarefa da filosofia de encontrar as condições de possibilidade em que se dá o próprio conhecimento. Na sensibilidade ele encontra dois elementos, o espaço e o tempo, as formas puras da intuição sensível que constituem a condição de possibilidade dos fenômenos, as formas aprioristicas, independentes da experiência sensível que impõe a ela a ordem e a regularidade. "As coisas aparecem para nós de maneira ordenada e, bem como Hume pensou, a ordem não é em si mesma presente nas aparências",[43] nós mesmos a introduzimos.

Por meio da distinção entre o fenômeno[44] e a coisa em si, Kant assegura, assim como Hume, que o limite da experiência humana impõe o limite do conhecimento humano e, diferente dele, afirma que é possível fazer inferências das coisas manifestas e questionar não apenas o que elas são, mas também como deveriam ser. Porém, nada podemos inferir sobre a coisa em si e sobre o que existe além da aparência, se há um Deus, uma ordem cósmica por trás dos fenômenos, porque o que não está submetido à experiência, permanece incognoscível. Isso não significa que, para Kant, o nosso conhecimento deva-se regular pelos objetos da experiência, mas o contrário disso. Existem as verdades sintéticas, por exemplo, encontradas na matemática e, em parte na física, que são independentes da experiência e que determinam seus objetos de maneira puramente apriorística.

Na concepção de Kant, são os objetos que se regulam segundo a nossa faculdade de conhecer e, portanto, são independentes da mente apenas enquanto coisa em si. Essa visão representa, na história da filosofia, uma verdadeira revolução que, após Kant, será alimentada pelo neokantismo,

---

[43] *Ibid.*, p. 31.

[44] Do grego: aquilo que é manifesto.

um movimento gerado na década de 1950 e 1960, quando as opiniões concordavam que os herdeiros imediatos de Kant, como Fichte (1762-1814), Hegel (1770-1831) e Schelling (1775-1854), não responderam todas as questões levantadas por ele. Essa problemática permanece nos muitos debates suscitados entre os estudiosos da obra de Kant, e Husserl posiciona-se diante dela sustentando que o que deveria ser questionado era o conteúdo que Kant tomou emprestado de Hume.

A crítica de Husserl à teoria da percepção é dirigida à visão empobrecida que Hume atribui ao que é apresentado na experiência. Assim, Hume comete dois erros: o primeiro é sustentar que a experiência sensível não oferece nada além do que uma série de unidades sensoriais, como os sons, cheiros, formas, cores e sensações táteis, que Hume designa sob o nome de impressões; o segundo erro envolve a diferenciação que ele faz entre o objeto dado na percepção e o conteúdo perceptivo do próprio ato. Com isso, ele é levado a considerar que nenhuma unidade corpórea, tal como uma casa ou uma árvore, possa ser dada na percepção, mas apenas as partículas sensoriais que a compõe. Outra consequência falaciosa é que, sendo a ideia derivada das impressões, ela teoricamente nunca poderia ser de fato a ideia de uma casa ou a ideia de uma árvore, muito embora ele use o termo ideia nesse último sentido e isso revela um problema que, segundo MacIntyre, permanece obscuro para o próprio Hume.

Husserl, no entanto, se dá conta desse impasse e percebe que a confusão de Hume está em não atentar para o fato de que as coisas sejam apresentadas em sua particularidade e generalidade num só e mesmo ato de percepção, por exemplo, "a ideia de uma couve não é a ideia desta couve, mas para perceber alguma couve particular é sempre e necessariamente perceber ambas, *esta* couve e *a* couve"[45] ou, quando se ouve uma música,

---

[45] MACINTYRE, Alasdair. *Edith Stein: A Philosophical Prologue (1913-1922)*. Maryland: Rowman and Littlefield Publishers, 2006, p. 39.

não são as notas que são ouvidas uma a uma, mas a música como um todo. Ou seja, para Husserl, o que nos é apresentado na experiência é um todo, um todo composto de partes que revela em sua individualidade um sentido ideal que é também algo de universal. Em oposição a Kant, não existe lugar para distinção entre o fenômeno e a coisa em si, mas apenas a coisa tal como ela apresenta-se em percepção: um objeto particular que exemplifica algo universal. A intuição é, portanto, o modo do conhecimento para a apreensão das propriedades essenciais dos objetos dados na percepção.

Trata-se de uma percepção *sui generis* que se diferencia da visão dos fatos do mundo sensível, na medida em que alcança, por meio do olhar espiritual, as verdades *ideais*, evidentes em si mesmas. A esse processo Husserl deu o nome de redução eidética, ou seja, a redução à essência, central na fenomenologia e que caracteriza a nova espécie de objeto adquirido na visão. Porém, não se trata de uma visão de tipo experiencial, "ao contrário, consiste na 'consciência de alguma coisa'",[46] que ocorre antes que um pensamento seja elaborado e, por isso, trata-se de uma visão originariamente oferecida. Acrescenta Ales Bello que a essência não é individual, isto é, "a posição de uma essência não implica um existente individual, nem dados de fato, mas que, inversamente, para o conhecimento dos dados de fato, é necessária uma visão eidética".[47] Essa tese é fortemente defendida por Husserl, em seu livro *Ideias,* no qual, ao invés de utilizar o termo *ideia,* porque carregado de conotações adversas, prefere a palavra de raiz latina *essência* ou a grega *eidos,* que nesse contexto não significa um produto gerado pela mente, mas aquilo que é captado intuitivamente.

Essa reivindicação da evidência da essência enquanto conhecimento não arbitrário é central no método de Husserl e está atrelada à própria

---

[46] BELLO, Angela Ales. *L'Universo nella Coscienza: Introduzione alla Fenomenologia di Edmund Husserl, Edith Stein, Hedwig Conrad-Martius.* Pisa: Edizioni ETS, 2007, p. 18.

[47] *Ibid.*, p. 19.

definição de fenomenologia, que se traduz como "uma ciência que pretende estabelecer exclusivamente 'conhecimentos de essência' e de modo algum fatos"[48] e, portanto, a intuição das verdades ideais, bem como a própria possibilidade desse conhecimento essencial, coloca Husserl em polêmica tanto com o empirismo – que objeta que a experiência pode fornecer somente singularidade e nenhuma generalidade – quanto com o idealismo – que afirma um pensamento puro, *a priori*, que não se fundamenta na experiência.

1.3.3 – O idealismo

A questão do idealismo no esquema filosófico de Husserl é um tema bastante discutido entre os estudiosos de sua obra, como nos mostra as colocações de Carlos Alberto Ribeiro de Moura, no prefácio de *Ideias*. Nele, há uma referência sobre a forma como foi recepcionada a obra de Husserl, em 1913, por seus discípulos, que a consideraram "abusiva e delirantemente idealista".[49] Todavia, antes de estudar o posicionamento de Edith Stein e seus colegas frente à questão, se faz necessário um rastreamento das noções que teriam levado Husserl ao que ficou conhecido como a "virada idealista".

Uma noção fundamental e que já está na introdução de *Ideias*, dirige-se à distinção traçada por ele entre os dois tipos, radicalmente diferentes, de direcionamentos de pesquisa que podem ser adotados: a orientação natural e a orientação fenomenológica. A primeira delas é a orientação espontaneamente adotada na vida cotidiana, quando nos reportamos às pessoas, às coisas e ao mundo que nos circunda, bem como é a perspectiva adotada pela ciência, quando se envolve com os objetos de seu estudo. A segunda orientação, no

---

[48] HUSSERL, Edmund. *Ideias para uma fenomenologia pura e para uma filosofia fenomenológica*. Aparecida, SP: Ideias & Letras, 2006, p. 28.
[49] *Ibid.*, p. 15.

entanto, é aquela pela qual o fenomenólogo posiciona-se diante daquilo que lhe interessa: os fenômenos em suas diversas formas subjetivas de doação.

Podemos entender que enquanto a orientação natural preocupa-se com as coisas do mundo efetivo – caracterizada pelo movimento da consciência em direção aos objetos que a transcendem –, a orientação fenomenológica, ao contrário, é aquela em que se aplica a redução, o movimento de colocar em perspectiva não mais as coisas do mundo, mas os objetos intencionais. A essa operação, Husserl denomina redução, um ponto central da fenomenologia que abre caminho para a investigação filosófica. Tal investigação parte da constatação de que vivemos imersos no mundo. Um mundo constituído pela natureza, pelas coisas, por pessoas e também pelos valores e pela cultura. E, assim, vivemos de acordo com a orientação natural e com tudo que nos permeia: os estados de ânimo, os sentimentos, as tomadas de posição, juízos, elaborações teóricas e assim por diante.

O movimento exigido pela redução, para assim alcançar uma atitude crítica frente à passividade da orientação natural, consiste no ato de suspender a tese do mundo, ou seja, colocar os fatos e a concretude da existência entre parênteses para colher a essencialidade. Essa suspensão, que Husserl nomeou como *epoché*, não significa nem a negação da tese da existência do mundo, nem a dúvida cartesiana sobre a realidade de sua existência, mas significa uma mudança de perspectiva que implica numa suspensão ou num colocar entre parênteses a factualidade para alcançar a essencialidade.

Também não se pode afirmar que a *epoché* seja um ato arbitrário, pois, ao contrário, é "um ato voluntário que tem sua origem no sujeito"[50] e, por isso, Husserl se vê diante de um paradoxo: se *epoché* é a suspensão do mundo e de tudo que nele se encontra e, se quem cumpre a *epoché* é um "eu" que está inserido nele, então este eu deveria ser colocado entre

---

[50] BELLO, Angela Ales. *L'Universo nella Coscienza: Introduzione alla Fenomenologia di Edmund Husserl, Edith Stein, Hedwig Conrad-Martius*. Pisa: Edizioni ETS, 2007, p. 21.

parênteses junto com o mundo. O que Husserl dirá sobre esse paradoxo é que o eu psicológico, o ser humano real como objeto real, este sim deve ser colocado entre parênteses, enquanto o que resta dele, a estrutura transcendental capaz de colher a essência, permanece fora. A realidade transcendental é, portanto, alcançada após a redução fenomenológica e aquele que a cumpre se vê diante de uma realidade na qual se abre um novo campo de pesquisa formado pelo eu puro, a consciência pura e suas vivências puras.

Husserl não está preocupado com a existência da realidade ou com o que é objetivo, mas sua pesquisa cada vez mais dirige-se para o transcendental, para o exame de "como o objetivo acompanha a consciência e como a objetividade pura pode ser indagada em seu manifestar-se",[51] e é essa postura filosófica que faz com que os seus discípulos enxerguem um abandono da perspectiva realista das *Investigações lógicas* para um retrocesso à Kant e ao idealismo transcendental. De fato, Husserl aproxima-se de Kant ao tentar colher a estrutura da subjetividade, porém de um outro ponto de vista; pois Kant busca as estruturas *a priori* do conhecimento empírico, enquanto Husserl parte dos dados empíricos para entender como as transcendências relacionam-se com a subjetividade.

A acusação de idealismo está bem próxima dessa discussão, pois quando Husserl se debruça sobre o estudo da estrutura da subjetividade, ele encontra dois elementos fundamentais que constituem a síntese do conhecimento: a *noesi* e o *noema*. O primeiro diz respeito à estrutura imanente da consciência com suas vivências, e o segundo, o *noema*, é o correlato intencional da vivência. Nesse caso, o intencional a que se refere Husserl significa que o objeto, o *noema*, está na consciência sem ser parte real dela. Por exemplo, a minha vivência de percepção de uma árvore, a *noese*, exige um correlato intencional que é o *noema*, a árvore-enquanto-percebida.

---

[51] *Ibid.*, p. 26.

A árvore, objeto real, dela nada pode-se afirmar e, assim, Husserl dirá, em sua obra *Ideias*, que "a consciência não precisa da realidade para existir e que a realidade, ao contrário, depende da consciência",[52] o que significa dizer que "o mundo existe para nós como produto intencional".[53]

1.4 – De Husserl a São Tomás

O pensamento puramente fenomenológico de Edith Stein está concentrado nos escritos de sua primeira fase, de 1916 a 1922, ano em que ela publicou a tese de doutorado e ano de sua conversão.

A tese, defendida em 1916, sob a orientação de Husserl, investiga o tema da empatia, vivência particular que fundamenta a possibilidade da percepção de sujeitos alheios a si mesmos e, dessa forma, constrói uma teoria sobre a formação dos laços intersubjetivos, que vai além de uma psicologia empírica, pois inclui em suas análises do indivíduo psicofísico também o espiritual. Para Stein, é o espiritual que determina a pessoa, que abre a possibilidade da pessoa de sair de si para se relacionar cognitiva e afetivamente com outras.[54] Ela demonstra sua postura frente às teses fenomenológicas do mestre, assumindo as premissas e os caminhos do método de maneira bastante original. Logo na introdução, afirma que os resultados alcançados eram méritos de seu próprio esforço, enquanto a impostação do problema e o método utilizado no decorrer da pesquisa não podiam ser reivindicados como uma "propriedade espiritual"[55] sua, mas de Husserl.

---

[52] HUSSERL, Edmund. *Ideias para uma fenomenologia pura e para uma filosofia fenomenológica*. Aparecida, SP: Ideias & Letras, 2006, p. 15.

[53] HUSSERL, Edmund. *A crise da humanidade europeia e a filosofia*. 2ª ed. Porto Alegre: EDIPUCRS, 2002, p. 41.

[54] BASEHEART, M. Catharine. *Person in the World: Introduction to the Philosophy of Edith Stein*. Netherlands: Kluwer Academic Publishers, 1997, p. 41.

[55] STEIN, Edith. *On The Problem of Empathy*. 3ª ed. Washington: ICS Publication, 1989, p. 2.

Assume a redução fenomenológica e sustenta a necessidade de operá-la quando pretende, por um lado, escapar de conceitos duvidosos e, por outro, de livrar-se de teorias preestabelecidas que, segundo ela, não podem ser levadas em consideração quando é tarefa da própria fenomenologia estabelecer o fundamento de todo conhecimento. Após efetuar a suspensão do indivíduo psicofísico ou do sujeito empírico-psicológico, ela parte para uma descrição essencial da empatia no interior da consciência, afirmando que somente com descrição transcendental o fenômeno da empatia poderia ser revelado em sua singularidade e, então, estudado por psicólogos, sociólogos ou biólogos. Com relação à *epoché*, no entanto, ela problematiza de forma perspicaz a dificuldade de suspender a positividade da existência e ainda assim manter o caráter da percepção, e resolve o problema respondendo com o exemplo da alucinação, em que se faz possível reter o caráter da percepção sem que essa corresponda à existência real do mundo.

No ano de 1916, após a tese, Edith Stein é convidada por Husserl para ser sua assistente em Friburg e transcrever os manuscritos do segundo volume de *Ideias*, de onde ela, assim como Max Scheler, retiraram o material para a elaboração de uma antropologia fenomenológica. Husserl, ao aprofundar a pesquisa sobre a subjetividade absoluta, o eu transcendental, a consciência pura e seus puros correlatos, alcançou a individuação da estrutura do eu, a estrutura da qual partilham todos os seres humanos. Husserl estava interessado "no *eu* transcendental, ou seja, esse que consente de compreender a obviedade do corpo humano, da alma etc.",[56] mas ao aprofundar seu estudo sobre a consciência, no segundo volume de *Ideias*, ele faz uma reflexão sobre a constituição do ser humano.

---

[56] PEZZELLA, Anna Maria. *L'Antrologia Filosofica di Edith Stein: Indagine Fenomenologica della Persona Umana*. Roma: Città Nuova, 2003, p. 20.

Ana Maria Pezzella, no livro sobre Edith Stein, narra essa vocação antropológica da fenomenologia.[57] Ela nos diz que embora não exista uma preocupação antropológica no pensamento de Husserl, paradoxalmente, há uma constante reflexão sobre o ser humano. Isso se deve por dois motivos que estão atrelados: a oposição de Husserl ao naturalismo e ao psicologismo. A crítica ao naturalismo refere-se ao modo como a psicologia experimental indagava o campo da psique e a reivindicação de Husserl de que esse campo não podia ser investigado com os mesmos instrumentos com que se indagava o mundo físico. Ele reconsiderou então tudo o que se relacionava com o campo psíquico para compreendê-lo em sua manifestação própria. Com relação ao psicologismo, a crítica de Husserl está associada à intuição da essência como conhecimento legítimo e independente das vivências psíquicas particulares. Ambas as posturas serão assumidas também por Edith Stein ao longo de pesquisas, tanto no campo da psicologia, quanto da antropologia.

Em 1922, na comemoração do sexagésimo aniversário de Husserl, Edith Stein publica dois ensaios no *Jarbuch*, cuja abordagem sustenta o método fenomenológico e aprofunda o estudo da consciência como *Erlebnisstrom*, corrente de vivências, já desenvolvido por ele no segundo volume de *Ideias*. Sua indagação inicial comparece no título, *Filosofia da psicologia e humanidades*, e envolve o estudo da causalidade psíquica e a distinção entre o âmbito psíquico e o espírito humano, delineando assim, por um lado, as fronteiras entre a psicologia e a ciência do espírito e, por outro, diferenciando a causalidade psíquica da motivação espiritual. Emerge das investigações uma visão da constituição do ser humano em sua estrutura psicofísica. O conceito de consciência como corrente de vivência, associado à visão de que o ser humano é puro devir condicionado por uma força vital,

---

[57] *Ibid.*, p. 14.

permanecerá como conceito definidor em obras posteriores de antropologia e ontologia.

Posterior a essa obra e também como uma extensão, encontra-se *Uma pesquisa sobre o Estado*, publicada em 1925, na qual a análise do indivíduo amplia-se para uma análise essencial da comunidade.

Os textos aqui apontados encerram a fase fenomenológica da autora para dar início, em 1922, aos escritos de caráter antropológico-pedagógicos ou neotomistas. Embora a autora nunca tenha abandonado a fenomenologia, ao converter-se ao cristianismo ela passa a se dedicar ao estudo da escolástica e, mais especificamente, a São Tomás de Aquino, sofrendo influências determinantes na forma de encarar a realidade e, consequentemente, de fazer filosofia. Nas palavras de Angela Ales Bello, Edith Stein "não abandona sua formação fenomenológica, pelo contrário, a aprofunda e a dilata com as contribuições da nova impostação".[58] Entender a conversão e o papel do tomismo em seu pensamento são cruciais para entender como ela irá delinear, nos anos seguintes, a abordagem da fenomenologia e, principalmente, da antropologia filosófica.

Antecede ao encontro de Edith Stein com a filosofia de Tomás de Aquino o processo de conversão, belamente narrado por Elisabeth de Miribel na biografia da autora. Esse processo tem início nos anos em que Edith Stein encontra-se em Göttingen e passa a ter aulas com Max Scheler, aulas que a interessavam por tratar da noção de simpatia, um assunto próximo de sua tese que, inclusive, Scheler levaria em consideração em seu livro *Wesen und Formen der Sympathie*. Edith sente-se envolvida pelas aulas, fascinada por sua presença e relata a retomada da fé diante do impacto de suas ideias:

---

[58] STEIN, Edith. *La Ricerca della Verità: dalla Fenomenologia alla Filosofia Cristiana*. Ed. Angela Ales Bello. 3ª ed. Roma: Città Nuova, 1999, p. 19.

> *Para mim, como para muitos outros, sua influência ultrapassava o domínio da filosofia. Não sei mais em que ano Scheler converteu-se à Igreja Católica, mas esse tempo devia estar próximo, pois ele estava impregnado de ideias cristãs, às quais emprestava a força de sua persuasão e o brilho de seu espírito. Subitamente revelou-se aos meus olhos um universo, até então totalmente desconhecido. Isso não me conduziu de imediato à fé, mas abriu-me um campo novo de fenômenos, que não era mais possível ignorar. Não foi em vão que aprendemos a rejeitar os espantalhos e a receber todas as coisas sem preconceitos. Assim os muros do racionalismo dentro dos quais eu fora educada caíram sem que eu o soubesse e de repente vi-me diante do mundo da fé no qual viviam pessoas que eu respeitava e com as quais tinha contato diário. Esse fato merecia reflexão. Não era ainda um exame sistemático do problema religioso, pois absorviam-me outras ideias. Aceitava, porém, sem resistência, as ideias dos que me rodeavam e recebia sua influência quase sem perceber.*[59]

Em 1914 teve início a Primeira Guerra Mundial e Edith abandonou os estudos para cuidar dos feridos em um hospital austríaco, recebendo, mais tarde, uma medalha da Cruz Vermelha. Ao retornar, defendeu sua tese e partiu rumo a Friburg, a convite de Husserl. Lá ela conheceu Heidegger, leu *Ser e tempo* e ficou bastante intrigada com a abordagem que ele dá ao tema do *ser*. Nessa mesma época tentou uma cátedra em Göttingen, com carta de recomendação do próprio Husserl, mas não foi aceita por dois motivos: porque mulheres não lecionavam na Universidade e porque suas ideias sobre psicologia não eram compatíveis com as posições

---

[59] MIRIBEL, Elisabeth. *Edith Stein: como ouro purificado pelo fogo*. 3ª ed. Aparecida, SP: Editora Santuário, 2001, p. 57.

assumidas pelo departamento de Göttingen. Em 1917 morreu o professor e amigo, Adolph Reinach, e a esposa, Ana Reinach, solicitou sua ajuda para organizar uma publicação póstuma. Edith esperou encontrar a amiga devastada pela dor, mas surpreendeu-se ao vê-la envolvida pela fé, força e serenidade de sua alma. Carmelita, ela nos relatou:

> *Este fora o meu primeiro encontro com a Cruz, com essa força divina que emana aos que a carregam. Pela primeira vez, a Igreja nascida da Paixão de Cristo, e vitoriosa sobre a morte, me apareceu visivelmente. No mesmo instante minha incredulidade cedeu, o judaísmo empalideceu aos meus olhos e a luz de Cristo refulgiu em meu coração.*[60]

Durante os anos em Göttingen, Edith estabeleceu uma profunda amizade com Hedwige Conrad-Martius e seu marido Conrad e, por vezes, passou as férias com o casal numa propriedade rural. Então, no verão de 1921, Edith leu *O livro da vida,* de Santa Teresa D´Ávila e ao terminá-lo afirmou ter encontrado a verdade. Imediatamente providenciou sua instrução de catecismo e, em 1922, recebeu o Batismo. Sobre essa experiência de conversão não se tem muitas informações, aliás, segundo Miribel, "quase nada se sabe sobre sua vida interior",[61] a não ser por relatos de pessoas que conviveram com ela. No ano seguinte, sob os conselhos de seu orientador espiritual, ela foi viver entre as dominicanas educadoras de Santa Madalena, em Spira, onde ficou por oito anos ministrando aulas de alemão e fazendo conferências para a formação das religiosas. Durante essa estada, Edith aproximou-se da filosofia católica, focando leituras, principalmente na obra de São Tomás de Aquino e, em 1928, ela ofereceu-nos um relato

---

[60] *Ibid.*, p. 60.
[61] *Ibid.*, p. 84.

de sua vida interior quando em contato com os textos do Santo. Nas seguintes palavras, nos falou a autora:

> *Desde antes de minha conversão já era meu desejo entrar para a vida religiosa, isto é, esquecer os acontecimentos da terra, ocupar-me somente com as coisas de Deus. Pouco a pouco porém, compreendi que outra coisa nos era pedida no mundo, e que mesmo entregue a uma vida contemplativa não se deve cortar toda a ligação com o exterior. Lendo Santo Tomás, pareceu-me possível pôr o conhecimento a serviço de Deus e foi então, e somente então, que consegui retomar seriamente meus trabalhos. Pareceu-me, com efeito, que quanto mais uma pessoa é atraída para Deus, mais obrigada deve sentir-se a sair de si mesma para levar ao mundo o amor divino.*[62]

Ainda na época em que vivia em Münster, Stein passou a frequentar um pequeno grupo de intelectuais católicos, cujos integrantes eram Dietrich von Hildebrand (1889-1977), Daniel Feuling (1882-1947) e o jesuíta Erich Przywara (1889-1973). A pedido deste último, Edith fez a tradução de alguns volumes da obra do Cardeal John Henry Newman (1801-1890), e a tradução do *De Veritate* de Tomás de Aquino para o alemão. Esses anos foram muito movimentados: ela viajou por diversos países da Europa onde fez conferências sobre o problema da educação e da situação da mulher,[63] em 1931, tentou novamente a cátedra, dessa vez em Friburg, mas não foi aceita. Em 1932 foi convidada a dar aulas no Instituto de Pedagogia Alemã, em Münster, e no mesmo ano participou do congresso sobre fenomenologia

---

[62] *Ibid.*, p. 71.

[63] Tais conferências, proferidas por Edith Stein em diversos países da Europa, foram posteriormente reunidas em um volume de suas obras completas em alemão. Este texto encontra-se traduzido e acessível para o público brasileiro em: STEIN, Edith. *A mulher: sua missão segundo a natureza e a graça*. Tradução direta do alemão de Alfred J. Keller. Bauru, SP: EDUSC, 1999.

e tomismo em Juvisy, sendo considerada a pessoa mais indicada para falar sobre fenomenologia.[64] Em 1933, com a ascensão do nacional-socialismo, foi expulsa de seu cargo em Münster, por conta de sua origem judaica.

Assim terminou o segundo período, no qual ela produziu muitos textos que refletem sobre a questão da educação e o papel do educador, a condição feminina no mundo atual e, sobretudo, a estrutura do ser humano. Foi também nesse período que a autora deu vida a um projeto filosófico autêntico, manifesto em sua aproximação entre a fenomenologia de Husserl e a filosofia de São Tomás e, consequentemente, entre a filosofia moderna, antiga e medieval. Um projeto bastante ambicioso, porém sutil, delineado ao longo das obras, que afeta a concepção antropológica do ser humano na busca pelo sentido e significado do ser.

1.5 – O PROJETO FILOSÓFICO DE EDITH STEIN

Entre as reflexões produzidas no período mencionado acima, destaca-se um ensaio que indica os rumos do projeto filosófico que começa a amadurecer e que culminará numa proposta de síntese na obra maior de ontologia-filosófica, *Ser finito e ser eterno*. Sob o título *Husserl's phenomenology and the philosophy of St. Thomas Aquinas. Attempt at a comparision*, o texto publicado originalmente em 1929 no *Jarbuch*, no aniversário de setenta anos de Husserl, traça uma possibilidade de encontro entre as duas correntes de pensamento. A aproximação se fez possível pois Stein

---

[64] Na obra de Ir. Jacinta Turolo encontramos um relato importante sobre o encontro de Juvisy. Nele, a autora reconta que entre os participantes encontrava-se Jacques Maritain e Berdjaiew e que "a discussão foi dominada totalmente por Edith Stein. Não só, de fato, ela conhecia melhor do que todos as teorias filosóficas de Husserl, tendo sido, por anos, sua assistente em Friburgo, mas sabia também expor o próprio pensamento – na ocasião também em francês – que produziu uma impressão realmente excepcional naquela seleta reunião de estudiosos". TUROLO, Jacinta. *Edith Stein e a formação da pessoa humana*. São Paulo: Loyola, p. 21.

estava convencida de que "a fenomenologia, no interior da pesquisa filosófica do século XX, fosse talvez a única posição que, por não estabelecer nenhuma ligação com a tradição filosófica cristã, permitiu em alguma medida colocar em contato os dois mundos"[65] promovendo, assim, uma aproximação que deixa entrever a conexão entre a especulação filosófica e a adesão à Revelação.

Em primeiro lugar ela problematizou o aspecto da filosofia como ciência rigorosa, afirmando que se tratava de um ponto comum entre os dois pensadores. Tanto Husserl como Tomás acreditavam que fazer filosofia era um exercício sério, rigoroso e conquistado pela razão humana que, passo a passo, desvela um *logos* ou uma *ratio* – conforme termo utilizado por São Tomás –, um sentido que se encontra por trás de tudo aquilo que é ou do que seja possível o entendimento descobrir. Todavia, a interpretação desse *logos* é feita de maneira divergente pelos dois autores, de forma que Husserl a identifica apenas com a razão natural, e Tomás distingue entre a razão natural e razão sobrenatural. Sobre esse aspecto, Edith Stein afirma que "a crítica transcendental no sentido de Husserl não era uma preocupação de Tomás",[66] mas se fosse, ele diria que buscar a essência da razão não seria suficiente para demarcar os limites do conhecimento.

São Tomás faz uma investigação das realidades "ingênuas",[67] do mundo real e das coisas existentes, e acredita que se tivéssemos acesso às estruturas das mentes superiores iríamos nos surpreender com a limitação de nossa capacidade, infinitamente menor, de apreensão de realidades. A fenomenologia, num certo sentido, não impõe limites à razão natural,

---

[65] STEIN, Edith. *La Ricerca della Verità: dalla Fenomenologia alla Filosofia Cristiana*. Ed. Angela Ales Bello. 3ª ed. Roma: Città Nuova, 1999, p. 19.

[66] BASEHEART, M. Catharine. *Person in the World: Introduction to the Philosophy of Edith Stein*. Netherlands: Kluwer Academic Publishers, 1997, p. 131.

[67] Husserl usava este termo para referir-se à pesquisa filosófica que não passava pelo crivo da redução transcendental.

pois o processo do conhecimento é infinito, mas a direção de seu movimento, de certa forma, já está prescrita no interior da ideia de verdade. O percurso da razão natural – passo a passo rumo ao objetivo, mas sem nunca alcançá-lo – é, segundo São Tomás, o responsável pelo caráter fragmentário da filosofia humana e, contraposto a ele está o conhecimento divino, que em sua plenitude, abarca uma verdade completa e a comunica de diversos modos a outras mentes. Dentre os modos possíveis, o conhecimento natural é apenas um deles.

Segundo Stein, esse pensamento está muito distante da filosofia moderna, que no exemplo de Husserl, não hesita em encerrar a fé no terreno da religião e distante do âmbito filosófico. Assim, também o faz a filosofia moderna em geral, quando insiste "que a filosofia da religião deve ser considerada uma matéria da razão, não da fé".[68] Cada vez menos a fé tem a contribuir para as disciplinas filosóficas e cada vez mais a "sua voz está silenciada nas principais questões da teoria do conhecimento".[69]

A filosofia moderna tem como ponto de partida a crítica do conhecimento, Husserl assim o faz na elaboração da fenomenologia transcendental que constitui uma filosofia crítica e egocêntrica em contraste com a filosofia teocêntrica de Tomás de Aquino. Embora ambos compartilhem da mesma opinião com relação à objetividade da ideia de verdade, eles trilham caminhos opostos no que concerne ao entendimento da verdade primeira. Para Tomás a verdade primeira é Deus, "o princípio e critério de toda verdade"[70] e disso segue a tarefa da filosofia primeira: ter Deus como seu objeto, estudar seus atributos, seu modo de ser e conhecer, indagar a relação dos seres com Deus e com o conhecimento divino. A autora nos

---

[68] BASEHEART, M. Catharine. *Person in the World: Introduction to the Philosophy of Edith Stein*. Netherlands: Kluwer Academic Publishers, 1997, p. 133.

[69] *Ibid.*, p. 133.

[70] *Ibid.*, p. 135.

diz que se todas as questões referem-se ao problema do ser, então todas as disciplinas filosóficas, tais como a epistemologia, a ética e a lógica, são, portanto, pedaços de uma ontologia maior.[71]

O procedimento adotado por Tomás, de mover-se sobre os conteúdos da Revelação, constitui a postura teocêntrica, ao reunir "a doutrina da Igreja, da sagrada Escritura, dos padres, também o que ensinavam os velhos e novos filósofos: ordenar, comparar, analisar",[72] ele exerce a atitude crítica. Para Husserl, cuja perspectiva deixa-se guiar exclusivamente pela razão natural, a atitude de São Tomás é vista como dogmática, porém:

> *Para quem se coloca na perspectiva particular da relação fé-revelação é possível compreender tal ponto de vista que não renega a autoridade do pensamento humano, mas se dá conta de sua fragilidade e da ameaça do erro.*[73]

Husserl prefere a expressão ontologia à metafísica, pois ele vê nesta última uma referência às questões da realidade concreta e, por isso, uma relação com a existência factual. Sua proposta era a suspensão da factualidade para a apreensão da essencialidade e, nesse sentido, contrapõe-se ao projeto de São Tomás, cujo objetivo era obter "a mais compreensível imagem possível deste mundo".[74]

A relevância da posição não é de caráter apenas teórico, mas também prático, pois o conhecimento do mundo para os filósofos medievais era a

---

[71] *Ibid.*, p. 136.

[72] STEIN, Edith. *La Ricerca della Verità: dalla Fenomenologia alla Filosofia Cristiana*. Ed. Angela Ales Bello. 3ª ed. Roma: Città Nuova, 1999, p. 21.

[73] *Ibid.*, p. 21.

[74] BASEHEART, M. Catharine. *Person in the World: Introduction to the Philosophy of Edith Stein*. Netherlands: Kluwer Academic Publishers, 1997, p. 137.

base para um comportamento correto. Por outro lado, esse aspecto prático não traduz o único e maior motivo do fazer filosófico, que, na realidade, é manifesto "na apreensão da verdade, o intelecto preenche a tendência do seu ser e realiza a imagem mais próxima possível de Deus e da bem-aventurança".[75] A filosofia de São Tomás, para alcançar a imagem genuína do mundo, precisava empregar tanto o conhecimento empírico quanto o eidético nas pesquisas. E, justamente, no aspecto que envolve a apreensão da essência, Edith enxerga – para além das aparentes contradições – uma afinidade entre a fenomenologia e a filosofia medieval.

Para superar a polêmica, a autora primeiro discute o problema da intuição nos dois pensadores e sutilmente diferencia tanto os diversos conteúdos semânticos do termo, quanto divergências entre o procedimento intuitivo e o procedimento indutivo-dedutivo praticado na escolástica. A intuição como a apreensão da essência não se compara com nenhum tipo de intuição mística ou irracionalismo, ao contrário, é resultado de um árduo esforço intelectual, sem que esteja determinada pelos processos de indução e dedução ou lógico-conclusivo. Para esclarecer o conceito ela traça uma contraposição entre a intuição sensorial, que tem diante de si, por exemplo, a cor vermelha apreendida pela percepção sensível, e a intuição intelectual, pela qual o objeto é visto pelo olho mental, que não mais enxerga o vermelho da coisa, mas a espécie da cor. Essa diferenciação parte do fato de que o filósofo, ao pensar sobre a natureza das coisas materiais, "não necessita de uma experiência presente de algo material",[76] apenas uma clara intuição deles e, portanto, "uma intuição-fantasiosa poderia possivelmente servir melhor do que uma percepção distorcida".[77]

---

[75] *Ibid.*, p. 137.
[76] *Ibid.*, p. 139.
[77] *Ibid.*, p. 139.

Do caráter intuitivo de Husserl, Edith Stein aproxima o *intus legere* de São Tomás, *ler o interior das coisas*, que para ele constitui a tarefa fundamental do intelecto. E na esteira da comparação, Stein investiga a questão do *insight* imediato e demonstra que, em São Tomás, o *insight* dirige-se ao entendimento dos primeiros princípios; o *insight* das verdades fundamentais, aquelas que não derivam de nada, mas são condições para que outras verdades sejam medidas. No entanto, ela adverte que, embora imediatamente alcançadas, não são, cronologicamente, as primeiras a serem conhecidas, pois na realidade o conhecimento tem início com as coisas sensíveis. Em Husserl, o *insight* imediato volta-se para verdades de essência, que não podem ser inferidas de outras, mas captadas diretamente.

1.5.1 – Entre essência e existência: uma abordagem do ser

O projeto de síntese de Edith Stein realiza-se plenamente na obra de ontologia maior *Ser finito y ser eterno*, na qual ela:

> *Sente a urgência de enfrentar as questões metafísicas tradicionais que o mestre não ignorara, mas deixou de tematizar, pelo fato de estar empenhado sobremaneira em aperfeiçoar o seu método.*[78]

Durante todos os seus escritos, perseguiu a estrutura essencial dos objetos que analisava no contexto existencial – como o estudo do indivíduo e da comunidade, a estrutura essencial do estado, a natureza essencial da mulher e as dimensões do ser humano –, pois acreditava que a questão da essência era o fio condutor que levava ao sentido. Nessa última obra

---

[78] BELLO, Angela Ales. *A fenomenologia do ser humano: traços de uma filosofia no feminino.* Bauru, SP: EDUSC, 2000, p. 88.

filosófica, Stein também discute o tema da essência como uma chave central para a compreensão do sentido do ser, mas de um jeito diferente de todas as abordagens anteriores. Isso porque sua crença, segundo Ales Bello, era de que "a pesquisa sobre o ser não podia reduzir-se a uma mera busca do seu significado, permanecendo em um nível exclusivamente gnosiológico",[79] mas deveria reivindicar uma investigação da realidade em seus múltiplos aspectos. É nesse ponto que se dá a separação maior entre Husserl e Stein e remete-nos à posição idealista do mestre. Na terceira parte de *Ser finito y ser eterno,* ao tratar da diferenciação entre o ser essencial e o ser real ela menciona seu afastamento do método, ao afirmar que Husserl:

> *Não considera mais que um só lado, a saber, o ser essencial e rompe ao mesmo tempo o laço da essência com a realidade que, no entanto, não se adere a ela exteriormente senão no que lhe é inerente. Esse corte feito no princípio da separação entre o fato e a essência permite-nos compreender sem dúvida a finalidade de Husserl, quer dizer, sua interpretação idealista da realidade.*[80]

Sobre a posição autônoma de Stein, as interpretações dos estudiosos são diversas.

Mary Catharine Baseheart afirma que Edith mantém-se fiel ao mestre no uso que faz da redução eidética e da análise descritiva do fenômeno da consciência. Todavia, enfatiza a não aceitação dela pela redução fenomenológica. De fato, há dois argumentos de Edith Stein que corroboram a posição defendida pela autora, na carta em que ela escreve a Roman Ingarden (1893-1970), em 1917, e uma declaração feita por ela no evento

---

[79] Ibid., p. 90.
[80] STEIN, Edith. *Ser Finito y Ser Eterno: Ensayo de una Ascensión al Sentido del Ser.* México: Fondo de Cultura Económica, 1994, p. 101.

em Juvisy. Na carta ao colega, Edith expressa as "heresias" com relação ao mestre, sustentando alguns argumentos contra o idealismo expresso por ele em *Ideias*. No Congresso de Juvisy, em 1932, ela afirma que "a verdadeira análise da doação da realidade leva a uma suspensão da redução transcendental e uma volta a propriedade da crença natural na realidade do mundo".[81] Ou seja, dois episódios marcantes que sublinham a posição realista de Edith Stein.

A opinião de Angela Ales Bello sobre a controvérsia é de que Stein assume as teses de Conrad-Martius sobre a "prioridade da redução à essência, da reivindicação do tema da existência e da questão do idealismo",[82] mas ainda assim mostra-se em continuidade com Husserl, utilizando os critérios fundamentais e divergindo dele apenas em alguns pontos.

Do ponto de vista de Anna Maria Pezzella, tanto para Husserl quanto para Stein, a análise da vivência e do eu puro são fundamentais, mas a diferença crucial entre ambos seria que ela não torna absoluto o eu puro, nem a subjetividade, tal como Husserl, mas a correlação entre o sujeito e o objeto, sem que um momento tenha mais peso que o outro. Essa polêmica não será resolvida aqui, mas apontá-la é importante e fértil, pois em comum nas três estudiosas está a relevância que Edith Stein concede ao tema da existência, que, com o processo de conversão e as leituras que faz de São Tomás, assume cada vez mais importância.

Ser finito e Ser eterno é uma obra de ontologia filosófica, cujo conteúdo propõe uma investigação sobre os fundamentos últimos do ser e sua essência. Para isso, a abordagem divide-se em duas partes: uma definição fenomenológica da essência e seu *status* no ser; uma consideração

---

[81] BASEHEART, M. Catharine. *Person in the World: Introduction to the Philosophy of Edith Stein*. Netherlands: Kluwer Academic Publishers, 1997, p. 32.

[82] BELLO, Angela Ales. *A fenomenologia do ser humano: traços de uma filosofia no feminino*. Bauru, SP: EDUSC, 2000, p. 88.

sobre o ser real no mundo desde a essência na doutrina de Aristóteles e de São Tomás. Assim, a análise desenvolvida pela autora segue a definição de essência de Hering[83] (1890-1960), considerando que cada objeto possui uma essência individual e ao mesmo tempo uma essência universal. Por exemplo, existe a alegria-enquanto-tal (a alegria em espécie) e existe a minha alegria (particular, individual) e, toda vez que eu me alegro, a alegria-enquanto-tal realiza-se nela.

Porém, não são duas essências separadas e sim uma unidade, um todo, constituído pela junção dos atributos essenciais em uma determinada estrutura, que não pode ser conhecida por meio de uma somatória de traços essenciais. Para clarear o assunto ela oferece o exemplo da rosa, dizendo que nós sabemos o que ela é, por sua forma, cor, cheiro etc., contudo, não acessamos a essência pela totalidade desses fatores. Segundo Baseheart, "buscamos não apenas os traços únicos de algo, mas a chave que abra para a completude da essência como uma estrutura unificada".[84] Ao transpor a discussão ao problema do composto humano, encontramos na investigação de Stein sobre a alma espiritual, o núcleo da pessoa, o centro pessoal, a essência individual, o *locus* privilegiado de onde pode partir uma teoria da individuação.

Após estabelecer uma longa discussão sobre o ser concreto submetido à temporalidade, em termos de potência e ato, matéria e forma, substância e acidente, essência e existência, Edith Stein retoma a pergunta pelo ser humano por meio da filosofia da pessoa, que ela já

---

[83] "A essência pertence a uma esfera completamente diferente das coisas. No entanto, entra em relação com elas." E, além disso, afirma Hering: "Se não houvesse essência (Wesenheiten), não haveria tampouco coisas. Estas são as últimas condições de possibilidade das coisas e das essências mesmas". STEIN, Edith. *Ser Finito y Ser Eterno: Ensayo de una Ascensión al Sentido del Ser*. México: Fondo de Cultura Econômica, 1994, p. 81.

[84] BASEHEART, M. Catharine. *Person in the World: Introduction to the Philosophy of Edith Stein*. Netherlands: Kluwer Academic Publishers, 1997, p. 91.

havia desenvolvido em estudo de antropologia filosófica, em 1933. Ela discute a estrutura da pessoa segundo a doutrina aristotélico-tomista e, posteriormente, atravessa a discussão sobre a metafísica da individuação. De acordo com a teoria da forma individual, o ser humano possui uma essência universal e uma essência individual e Edith Stein encontra no conceito de forma de Aristóteles a raiz dessa essência última que garante a singularidade humana. Daí a conclusão de Anna Maria Pezzella de que a concepção do ser humano compreende, por um lado, a estrutura essencial e, por outro, a essência individual. Uma indagação que percorre toda a sua obra e constitui, segundo Alles Bello, "o tema de pesquisa, no qual mostrou a originalidade de sua impostação".[85]

---

[85] BELLO, Angela Ales. *L'Universo nella Coscienza: Introduzione alla Fenomenologia di Edmund Husserl, Edith Stein, Hedwig Conrad-Martius*. Pisa: Edizioni ETS, 2007, p. 124.

Capítulo II
Antropologia Filosófica

2.1 – A ANTROPOLOGIA COMO FUNDAMENTO DA PEDAGOGIA

Para Edith Stein existe uma profunda relação entre os termos *metafísica*, *antropologia* e *pedagogia* e, em *A estrutura da pessoa humana*, ela mostra-nos de que maneira tais termos se interligam. A pedagogia envolve a teoria sobre a formação humana e, por assim dizer, integra parte da visão global do mundo, de uma metafísica. A antropologia envolve uma parte dessa metafísica que se dirige à ideia geral de homem, estabelece um vínculo estreito com a pedagogia, no sentido de que está pressuposta dentro de qualquer teoria que pense nas condições e possibilidades de aprendizado e formação do ser humano. Do ponto de vista da prática, isso significa que:

> *Todo labor educativo que trate de formar homens está acompanhado de uma determinada concepção do homem, de quais são suas posições no mundo e sua missão na vida, e de quais possibilidades práticas se oferecem para tratá-lo adequadamente.*[86]

A ação do educador carrega uma bagagem de conhecimentos e concepções que estão subjacentes à sua atuação. Stein aponta para duas questões importantes e relacionadas: existe uma teoria pedagógica por trás de uma práxis educativa e, essa teoria, vinculada à metafísica, ou a um conhecimento que tente responder a pergunta "o que é o homem?" exerce seus efeitos na formação. Nesse mesmo livro, antes de responder à pergunta que tanto a intrigava e que se refere à compreensão do ser humano, ela investiga as imagens de homem, elaboradas pelos últimos sistemas metafísicos e suas respectivas influências na área pedagógica.

Dessa maneira, Edith Stein traça um panorama que vai desde o idealismo alemão, passando pela imagem da psicologia profunda até a filosofia existencial de Martin Heidegger, para mostrar as convergências e divergências com a imagem que seria seu próprio pressuposto, a metafísica cristã e os objetivos de uma educação religiosa.

O idealismo alemão, muito em voga no final do século XIX – e Stein cita: Lessing (1729-1781), Herder (1744-1803), Schiller (1759-

---

[86] STEIN, Edith. *La Estructura de la Persona Humana*. Madrid: BAC, 2002, p. 3.

-1805) e Goethe (1749-1832) – exerce até os dias de hoje uma poderosa influência na pedagogia; há uma forte crença no ideal de humanidade que pode ser alcançado por meio da verdadeira educação. Para Edith Stein, essa aposta do idealismo num ideal de perfeição advém da crença numa natureza humana bondosa e na força da razão – heranças diretas de Rousseau (1712-1778) e do racionalismo – que caracterizam o otimismo e ativismo dessa corrente, aliado a descoberta de uma psicologia superficial que não leva em consideração os sentimentos e instintos, somente os dados iluminados pela consciência.

O ideal humanista guarda fortes relações com a antropologia cristã, ambos cultivam a crença em uma natureza humana bondosa e íntegra, no exercício da liberdade e da responsabilidade com o gênero humano; porém, são opostos, o objetivo colocado pelo humanismo restringe suas metas a um ideal terreno de perfeição, plenamente alcançável por meio de capacidades naturais. Para o cristianismo, esse desenvolvimento tem que se dar num movimento em direção ao transcendente e seu sucesso não está atrelado apenas a potencialidades humanas.

Hoje, sabemos que o idealismo alemão sucumbiu frente às atrocidades das duas grandes guerras do século XX, e o depoimento de Stein sobre esse tempo remete-se ao que ela presenciou, a Primeira Guerra e parte da Segunda. Ela faz a seguinte afirmação:

> *As forças profundas não se fizeram visíveis para todos até a chegada da guerra e as convulsões do pós-guerra. A razão, a humanidade e a cultura revelaram uma e outra vez uma estremecedora impotência.*[87]

---

[87] *Ibid.*, p. 6.

Essa impotência havia sido pressentida pelo romantismo e, na mesma proporção, abafada pelo movimento mais importante da época.

Como reação ao projeto cultivado pelo idealismo, cada vez mais a literatura russa[88] e a psicanálise passaram a ser procuradas por grupos de intelectuais. Cada vez mais a imagem humanista foi substituída pela imagem da psicologia profunda, que descobre o que paira sob a superfície humana e por isso encontra-se em situação oposta ao ideário humanista, principalmente no que se refere à suspeita de intelecto e vontade livremente dominadores. O abismo da condição humana e o lado obscuro da alma não são novidades, segundo Edith Stein, para a concepção cristã, que convive com o fato há tempos e compreende a fonte na qual elas se nutrem: a queda gerou um obscurecimento do entendimento e a debilidade da vontade em um homem que era originalmente bom.

Edith Stein vai mais além e levanta a questão de que a psicanálise transforma o ser humano "normal" em alguém que tem como meta ou o curar-se ou o prevenir-se de perturbações anímicas. Para ela, de fato, o homem não tem controle algum sobre seus instintos profundos e não é capaz de encontrar por si próprio o caminho para as alturas, mas, simultaneamente, é exatamente por isso que Deus se fez homem, para sanar sua natureza e mostrar-lhe o caminho. Stein aponta duas consequências pedagógicas da imagem construída sobre o homem da psicologia profunda: a primeira delas revela uma valoração dos instintos que não havia anteriormente e que, no campo prático, se traduz como uma tendência a satisfazê-los e não uma orientação de combatê-los; a segunda repercussão diz respeito à função executada por padres e educadores, que no lugar de dirigir

---

[88] Edith Stein cita como exemplo da literatura russa as novelas de Tolstói e Dostoiévski, que em suas palavras são "grandes conhecedores da alma humana, nos revelaram os abismos da existência do homem". STEIN, Edith. *La Estructura de la Persona Humana*. Madrid: BAC, 2002, p. 6.

e formar passam a fazer o esforço por compreender e, assim, caem no risco "de seccionar todo o vínculo vivo entre as almas, que é condição de toda intervenção pedagógica, e inclusive o de toda autêntica compreensão".[89]

Entre superficialidade e profundidade, Edith Stein aponta para outra imagem construída sobre o ser humano, e que, para ela, representa a "metafísica de nossos dias".[90] Trata-se da filosofia existencial de Martin Heidegger, cuja reflexão problematiza a busca do homem pela compreensão do ser em meio à própria vida. A vida humana se dá entre diversas ocupações e, por essa razão, muitas são as coisas que concorrem para afastar a questão crucial sobre a própria existência. Em meio às distrações, ainda assim, e mais uma vez, a pergunta sobre o ser volta a se impor, e isso acontece por meio do sentimento da angústia, o sentimento indissociável ao próprio ser e sua condição finita. Para Heidegger, a vida profunda seria a vida do espírito que escolhe viver na verdade do ser e que exige do homem uma postura autêntica e livre. Cabe ao homem aceitar e enfrentar a condição de um ser que veio do nada e para o nada caminha.

Na filosofia existencial de Heidegger, a distância com a metafísica cristã é radical, para ele o homem é considerado como um ser finito e habitado em sua essência pelo nada. Segundo Stein, é preciso ir contra o niilismo de uma metafísica que nos fale do homem não por aquilo que ele não seja, mas positivamente, e que mostre também o Absoluto que paira sobre a visão de homem condicionado.[91]

Stein não repudia ou acolhe totalmente cada construção e imagem, mas absorve aquilo que parece importante e descarta o que parece nocivo. Do humanismo retém a imagem do ser humano íntegro, que conserva

---

[89] *Ibid.*, p. 8.
[90] *Ibid.*, p. 8.
[91] *Ibid.*, p. 14.

as características do homem antes da queda, mas indica a falta de fundamento nas questões referentes à origem e meta, além de prescindir por completo do pecado original. Com relação à psicologia profunda, ela reafirma a imagem de homem decaído, mas critica o olhar histórico e estático, sem vistas para a Redenção. Quanto à filosofia de Martin Heidegger, Stein a compreende como uma concepção excessivamente negativa sobre a essência do ser humano e que, portanto, carece de uma concepção positiva do ser.[92]

Para Stein, a imagem do homem que dá o verdadeiro modelo de compreensão do ser humano é aquela oferecida pela metafísica cristã. Esta, por sua vez, é o fundamento da pedagogia cristã, que nas palavras de Stein, dissemina a noção de que:

> *A Revelação não se limita a desenhar uma imagem geral do homem, senão que tem em conta as diferenças entre os sexos. Também presta atenção à individualidade de cada pessoa. Dessa maneira, além da meta geral, comum a todos os homens, se estabelece diferentes fins em correspondência com as peculiaridades dos sexos e dos indivíduos.*[93]

O verdadeiro educador é Deus e, assim, o educador humano é apenas um instrumento pelo qual Deus emprega suas ações. As ciências, psicologia, antropologia e sociologia, servem como material para que o

---

[92] Há um texto de Stein sobre Heidegger no qual ela faz uma análise da sua filosofia da existência. Este texto, originalmente, era um apêndice da obra *Ser Finito y Ser Eterno*, mas atualmente encontra-se separado desta. Está traduzido para o italiano sob o nome de *La Filosofia Esistenziale di Matin Heidegger* e encontra-se numa coletânea de textos sobre a autora: STEIN, Edith. *La Ricerca della Verità: dalla Fenomenologia alla Filosofia Cristiana*. Ed. Angela Ales Bello. 3ª ed. Roma: Città Nuova, 1999.

[93] STEIN, Edith. *La Estructura de la Persona Humana*. Madrid: BAC, 2002, p. 15.

educador possa conhecer sua própria natureza e a natureza do jovem; mas para alcançar a singularidade da individualidade é necessário um contato espiritual vivo.

Esse fato deixa entrever que o indivíduo é dono de uma missão enviada por Deus e cabe ao educador ser consciente de sua limitação, pois ele está diante de alguém que acima de tudo é livre, que possui uma missão e que carrega consigo um mistério que não se pode acessar. Segundo Baseheart, em última instância, a "pessoa singular repousa para Stein sobre algo misterioso, incompreensível e inefável"[94] e, frente a isso, o papel fundamental do educador será deixar que a Revelação o instrua para aquilo que o homem há de tender e, assim, fazê-lo alcançar seu fim último, que é o objetivo principal da pedagogia.

2.2 – O QUE É ANTROPOLOGIA FILOSÓFICA?

Para Edith Stein existe uma relação objetiva entre a condição humana e a educação de ordem ontológica. A comunidade humana, diferente dos anjos e animais, procede de uma *raiz* comum, caminha para um *fim* comum e partilha o *destino* com outros. Em suas palavras: "o *logos* eterno é o fundamento ontológico da unidade da humanidade que dá sentido à educação e a faz possível".[95] Diferente dos anjos, que não constituem uma espécie e estão sozinhos perante Deus, o ser humano é incompleto, não entra pronto na existência e precisa desenvolver-se para alcançar uma plenitude. O ser humano é capaz de estabelecer relações espirituais que transcendem o tempo e o espaço, e essas características denotam sua natureza espiritual. Essa é a marca de singularidade e Stein

---

[94] BASEHEART, M. Catharine. *Person in the World: Introduction to the Philosophy of Edith Stein*. Netherlands: Kluwer Academic Publishers, 1997, p. 101.

[95] STEIN, Edith. *La Estructura de la Persona Humana*. Madrid: BAC, 2002, p. 19.

acredita que uma investigação que se dirija ao campo do humano não pode prescindir desse dado.

Se a antropologia é o que dá sustentação à pedagogia, Edith Stein esclarece as diferentes antropologias possíveis e, assim, demonstra quais delas são capazes de cumprir a exigência de fundamento e responder a pergunta sobre o ser humano.

Inicialmente, ela faz uma averiguação no terreno da antropologia baseada nas ciências naturais e encontra ali uma ciência que estuda o homem como espécie, tal como é praticado na zoologia. Nesse modelo de ciência, a preocupação gira em torno de uma descrição dos tipos morfológicos, das causas das diferenças entre raças e tribos, da busca por vestígios dos primeiros habitantes, das leis evolutivas que seguem o desenvolvimento do indivíduo até o *homo sapiens* etc. Essa concepção é limitada apenas a caracterizações morfológico-descritivas ou explicações de ordem causal que são insuficientes para a pesquisa. Sua crítica a esse tipo de antropologia baseia-se em dois pontos cruciais. O primeiro deles afirma que:

> *Dado que a formação e a educação têm de abarcar o homem inteiro, tanto o seu corpo como a sua alma, é importante para o educador conhecer a estrutura, as funções e as leis evolutivas do corpo humano. Somente assim poderá saber o que pode fomentar seu desenvolvimento natural e o que pode prejudicá-lo. É igualmente importante conhecer as leis gerais da vida anímica do homem, a fim de tê-las em conta no trabalho educativo.*[96]

O segundo diz que sendo o homem um ser social, membro de grupos suprapessoais, cabe ao educador conhecer também as estruturas

---
[96] *Ibid.*, p. 22.

supraindividuais, como os povos e as raças das quais o indivíduo é exemplar, e formá-lo não apenas enquanto indivíduo, mas também como membro do todo. Baseada na insuficiência da concepção antropológica acima descrita, Edith Stein investiga o campo oposto ao das ciências naturais, e busca nas ciências do espírito um modelo que dê conta da estrutura humana em todas as suas dimensões, de sua individualidade e que ofereça critérios para atividade educativa que tenha relação com estruturas supraindividuais como a raça e a humanidade.

Ela oferece uma explicação sobre as distintas metodologias empregadas pelas ciências do espírito e pelas ciências naturais relacionadas ao estudo do ser humano. Algumas ciências do espírito – e ela usa a História como exemplo –, na medida em que se voltam para a biografia e trajetória de vida de determinada pessoa, imediatamente se relacionam com o indivíduo concreto e, assim, pretendem alcançar a individualidade para comunicá-la a outros. Ela afirma que a individualidade a que se pretende chegar não pode ser apreendida e comunicada por conceitos gerais, porque não alcançam o âmbito espiritual. Seria necessário um levantamento, por exemplo, "das múltiplas formas expressivas nas quais o interior se exterioriza",[97] e isso se traduz, por exemplo, nas letras de uma carta, num estilo de escrita, nos gestos de uma pessoa, em uma obra inteira e daí por diante. A compreensão que se extrai da individualidade, segundo Stein, revela-se nas grandes obras de história e também nos mestres da literatura que, em sua opinião:

> *Não são menos importantes que o estudo da psicologia científica, e podem nos proteger do grave erro pedagógico de ver o homem individual como um "caso" de uma lei universal ou um exemplar de um tipo geral.*[98]

---

[97] *Ibid.*, p. 25.
[98] *Ibid.*, p. 26.

Tem apreço e admiração por Tolstói, Dostoiévski, Sigrid Undset e Gertrud von Le Fort, autores que alcançaram as profundidades da alma e identificaram que nela habitam forças espirituais.

Stein afirma que a condição humana concreta é narrada pelos autores e que nela apresenta-se um *logos*, uma lei constitutiva de sua estrutura e de seu ser que pode ser captada universalmente nos dados concretos, proporcionando uma elaboração filosófica sobre o homem enquanto tal. Stein chega a uma antropologia dotada de universalidade que se diferencia tanto da história quanto das ciências naturais, e que se mostra eficiente tanto na análise do homem como pessoa espiritual quanto na análise das realidades espirituais como o Estado, a comunidade, o Direito etc.

Segundo Pezzella, "esta antropologia então pode ser definida como ciência universal do espírito, enquanto tem por objeto a estrutura de todas as formas espirituais".[99] Ou seja, quando Edith Stein atrela à estrutura essencial do ser humano um reconhecimento da individualidade única e irrepetível da pessoa, ela traça uma antropologia filosófica que se dá numa espécie de cruzamento entre o que há de universal no ser humano e sua particularidade última. Essa dupla relação entre o universal e o particular torna-se também um pressuposto teórico da atividade pedagógica, tendo em vista a necessidade do educador em captar a singularidade do outro mediante um contato espiritual vivo. Diz a autora:

> *A antropologia que necessitamos como fundamento da pedagogia haverá de ser uma antropologia filosófica que estude, em relação viva com o conjunto da problemática filosófica, a estrutura do homem e sua inserção nas distintas modalidades e territórios do ser aos quais pertence.*[100]

---

[99] PEZZELLA, Anna Maria. *L'Antrologia Filosofica di Edith Stein: Indagine Fenomenologica della Persona Umana*. Roma: Città Nuova, 2003, p. 25.

[100] STEIN, Edith. *La Estructura de la Persona Humana*. Madrid: BAC, 2002, p. 29.

Para Stein, a natureza humana participa tanto do reino do espírito quanto do reino da natureza. Cabe a ela, então, a função de clarear as fronteiras entre as dimensões humanas e os diversos limites do ser, bem como demonstrar o entrelaçamento e as influências que ocorrem no interior desse indivíduo.

2.3 – A estrutura da pessoa humana

Conforme dito anteriormente, a investigação sobre a pessoa humana constitui o fio condutor que perpassa as obras de Edith Stein. Já foi mencionado que a metodologia e a forma de proceder nas análises sobre o tema assumem o olhar do fenomenólogo. Implicada aqui está a problemática – discutida no primeiro capítulo – entre a postura fenomenológica realista ou idealista[101] da filósofa, que demonstra maior ou menor aproximação com as teses de Husserl. Ela oscila entre as duas posições, de forma que nos escritos da primeira fase, o trabalho sobre a empatia, ela adota prioritariamente a impostação de Husserl, enquanto que na segunda – já bastante influenciada pelo realismo de São Tomás de Aquino – ela opta pela descrição fenomenológica sem fazer uso da redução transcendental.[102] É no interior desse cenário que Edith Stein desenha a estrutura do ser humano, e assim, acompanhando os seus passos, veremos como se dá o estudo que faz da corporeidade.

2.3.1 – O corpo: corpo físico e corpo vivo

Na dissertação de doutorado,[103] além de desenvolver uma descrição sobre a empatia, ela elabora o indivíduo psíquico-corpóreo e a pessoa espiritual.

---

[101] Àquela que assume a *epoché* ou a redução transcendental como ponto de partida.

[102] Refiro-me, mais especificamente, à obra *A estrutura da pessoa humana*, na qual ela não faz uso da redução transcendental no início de sua investigação.

[103] STEIN, Edith. *On the Problem of Empathy*. Washington: ICS Publications, 2002.

O enfrentamento das três dimensões humanas tem início nesse texto e seguirá latente nas obras posteriores. Para Edith Stein, uma análise separada das três dimensões humanas – corpo, alma e espírito – é óbvio, fruto da abstração, porque há um entrelaçamento vital e necessário entre elas. Ela se serve da abstração para encontrar uma melhor descrição do que é peculiar e essencial a cada uma dessas esferas.

Parte, primeiro, da investigação sobre o corpo do ponto de vista da consciência pura e pergunta como se dá a constituição do corpo no interior da consciência. O desenvolvimento da questão aponta para a dupla modalidade, o corpo como *Körper* e como *Leib*.

No primeiro caso, *Körper* significa corpo físico, experiência oferecida pela percepção externa do indivíduo. Trata-se de um mero objeto entre outros objetos, que ocupa um determinado lugar no espaço e provoca no indivíduo a percepção da diferença existente entre ele mesmo e os outros corpos. Na percepção externa, a experiência é de que os outros corpos são oferecidos em movimento, em infinitas aparências e múltiplas posições, fazendo com que o indivíduo se dê conta de que seu corpo próprio lhe é dado dentro de limites estreitos, como, por exemplo, quando ele não consegue visualizar determinadas partes que o constituem.

Outra limitação se faz notar quando o indivíduo, ainda que sem enxergar seu corpo por inteiro ou negando-se a tocar partes dele, constata que mesmo assim não pode se ver livre dele. Diz Edith Stein, "precisamente essa afiliação, este pertencer a mim mesmo, jamais poderia ter constituído-se na percepção externa",[104] pois aqui se trata da sensação do meu corpo vivo. *Leib*, na concepção de Stein, é o corpo orgânico e vivo alcançado por meio das sensações. Sentindo-o eu o percebo como nenhuma outra coisa me pertence e, portanto, este corpo deixa de ser

---

[104] *Ibid.*, p. 42.

um objeto entre outros, para ser o meu corpo, fechado em si mesmo e indivisível.

As sensações exercem um papel fundamental, pois é delas que se pode alcançar a consciência de um corpo vivo. Para Stein, as sensações são componentes reais da consciência tanto quanto os atos de julgar, querer ou perceber, mas, diferente deles, elas não emanam do eu puro, nem colocam-se do eu em direção a objetos intencionais. Segundo Waltraut Stein, a autora propõe uma tese inovadora ao colocar as sensações como elementos da consciência, tanto quanto o eu puro elas não podem ser colocadas entre parênteses e então fazem a ligação entre o eu e o corpo vivo, participando de ambas as realidades. Waltraut explica o mecanismo da seguinte forma:

> *As sensações pertencem ao "eu" porque elas não podem ser suspensas ou colocadas entre parênteses. Elas, portanto, tem um pé, por assim dizer, na realidade da consciência pura, a realidade daquilo que não é extenso nessa discussão. Por outro lado, as sensações são sempre dadas em algum lugar do corpo vivo, tal como na cabeça para dados da visão ou na superfície do corpo para dados táteis.*[105]

Edith Stein discutiu sobre as nuances constitutivas do processo de apreensão do corpo vivo como um todo unificado. Trata-se da diferenciação entre dois aspectos: a distância das partes do corpo para o "eu" do sujeito é muito diferente da distância entre os corpos exteriores do "eu" desse mesmo sujeito. O primeiro caso, por exemplo, significa que o meu pescoço está mais próximo de mim do que minhas extremidades, e no segundo caso, que a pedra que seguro na mão não poderá jamais estar mais

---

[105] *Ibid.*, p. 20.

próxima de mim do que minha própria mão, mas apenas mais próxima do meu corpo vivo.

Essa discussão envolve a localização do eu, bem como a localização das sensações no corpo vivo. Stein afirma que o eu não pode ser localizado espacialmente, ele está no *ponto zero* de orientação do corpo vivo e não mantêm nenhuma distância dele. As sensações, por outro lado, sempre acontecem a certa distância do eu. Ela quer dizer que "o corpo vivo como um todo está no *ponto zero* de orientação em relação a todos os corpos exteriores a ele"[106] e, por essa razão, existe uma profunda diferença entre o *espaço do corpo* (*body space*) – no qual o ponto zero é o *eu* – e o *espaço externo* (*outer space*) – no qual o ponto zero é o corpo vivo. A diferenciação mostra-se interessante, pois nela manifesta-se a dupla apreensão do corpo pela consciência: enquanto corpo vivo sensível e enquanto um corpo físico captado exteriormente. Stein chama atenção para o fato de que essa dupla doação do corpo é experimentada como uma só, num fenômeno denominado fusão.

O corpo vivo é o lugar das manifestações dos eventos da alma e dos eventos psíquicos. É órgão de expressão, por exemplo, da minha ira ou alegria e, além disso, órgão de recepção do mundo externo. A corporeidade assume um papel fundamental para o conhecimento humano, é por meio dos sentidos e do fazer-se visível que o acesso às coisas e às pessoas acontece. Segundo Pezzella, "a corporeidade tem um papel fundamental porque cada conhecimento inicia com a percepção que utiliza os sentidos que são funções do corpo".[107]

Para o fenômeno de expressão, além da receptividade que cabe ao corpo, há também o papel executado na exteriorização do que vem de dentro.

---

[106] *Ibid.*, p. 43.
[107] PEZZELLA, Anna Maria. *L'Antrologia Filosofica di Edith Stein: Indagine Fenomenologica della Persona Umana*. Roma: Città Nuova, 2003, p. 52.

A argumentação de Stein parte de uma consideração sobre os sentimentos, que por sua própria natureza devem motivar algo, devem expressar-se. Os sentimentos vivenciados sempre liberam uma expressão e nunca são completos em si mesmos: eles terminam em atos da vontade, em expressões corporais ou atos de reflexão. Entre o sentimento e a expressão há uma conexão especial que não se confunde com a causalidade mecânica encontrada na natureza.

Trata-se de uma conexão motivacional, ocasionada por sentimento que desencadeia uma série de expressões que podem chegar ao físico e que comprovam a unidade psicofísica, como, por exemplo: ruborizar de vergonha, cerrar o punho de ira etc. São duas etapas diferenciadas que Pezzela explica da seguinte maneira: "a expressão exterior não é simplesmente tal, mas é expressão animada e o sentimento interior não é vivência somente na intimidade, mas gera uma energia que se imprime no corpo".[108] A energia a que se refere é capaz, da mesma forma, de incitar reflexão sobre o próprio sentimento, de fazer dele seu objeto. Stein sublinha que a ideia de frieza que se tem do intelectual ou da pessoa que se dedica ao pensamento é sem fundamento, pois na realidade, os tipos de expressão, uma expressão apaixonada ou uma reflexão fria, nada dizem a respeito da intensidade do sentimento expressado.

O caso da vontade é um pouco mais complexo, pois envolve o âmbito do espírito, mas nesse momento Stein circunscreve sua análise em relação à dinâmica do corpo vivo. Da mesma forma que o sentimento resulta em uma expressão, a vontade se exterioriza em ação e, para Stein, o corpo vivo precisa ser instrumento da vontade. Se pela vontade eu decido subir uma montanha, nisso não está incluso o passo a passo, apenas a energia empregada na decisão inicial. No decorrer da caminhada, no entanto, a vontade pode ser contrariada por uma resistência como o cansaço, e o

---

[108] *Ibid.*, p. 57.

corpo passa a não servir mais à vontade. O mesmo processo pode ocorrer na esfera psíquica. Diz Edith Stein que a vontade é como o mestre da alma e do corpo vivo, mas sempre no interior da tensão com as forças psíquicas contrárias e resistentes a ela mesma. A vontade também está atrelada ao mecanismo psicofísico para exprimir-se, mas em sua essência ela é criativa e não está submetida à causalidade. Podemos afirmar que não há em Edith Stein uma visão do corpo como o lugar do pecado ou como a "sepultura da alma",[109] mas ao contrário, é o corpo do qual se faz experiência.

2.3.2 – Alma e psique

Na tese de doutoramento, Stein oferece uma primeira noção do que ela entende sobre alma e psique, e essa diferenciação, nem sempre muito clara ou fácil de apreender, irá manter-se nas obras posteriores, de forma mais complexa. O esclarecimento de tal dificuldade pode ser encontrado nas palavras de Ales Bello:

> *É o mesmo termo Seele que é usado em uma multiplicidade de significados, indicando às vezes psique e às vezes ambos, psique e espírito; outras vezes Seele tem a conotação de uma dimensão totalmente autônoma.*[110]

A problemática retorna em *A estrutura da pessoa humana*, quando Stein refere-se à instância interior que configura o núcleo da existência humana como *Gemüt*, termo em alemão que designa *ânimo*, para em seguida advertir que o termo *Seele* apenas seria adequado se aludisse à *alma da alma*.

---

[109] *Ibid.*, p. 59.
[110] BELLO, Angela Ales. *L'Universo nella Coscienza: Introduzione alla Fenomenologia di Edmund Husserl, Edith Stein, Hedwig Conrad-Martius*. Pisa: Edizioni ETS, 2007, p. 131.

Embora seja difícil uma diferenciação nítida dos termos, ainda assim, no decorrer de análises somos capazes de identificar as fronteiras e as nuances que diferem os limites que estruturam a pessoa humana. Em *Sobre o problema da empatia*, assumindo a impostação fenomenológica de Husserl e partindo de uma investigação do eu puro e das puras vivências, ela nos fala, pela primeira vez, da alma substancial e dos atributos psíquicos como dois aspectos que se destacam na análise do fluxo das experiências vitais:

> *Entre nossas experiências vividas há uma que está na base de todas e que, junto com seus atributos persistentes, se torna aparente em nossas experiências como a portadora idêntica delas. Essa é a alma substancial.*[111]

Ao referir-se a uma experiência basilar que carrega consigo atributos persistentes, Stein nos faz compreender a alma como algo que possui uma espacialidade, como o lugar onde radicam-se as propriedades psíquicas que são, por exemplo, a agudeza dos sentidos, a energia aparente numa conduta, a intensidade dos sentimentos e daí por diante.

Poucos anos após concluir a tese sobre empatia, ela publica dois ensaios sobre fenomenologia – conhecidos como *Beiträge* – e que são dedicados ao estudo de duas questões: entender as leis básicas da causalidade psíquica e da motivação espiritual que operam no interior do indivíduo psicofísicoespiritual; e estudar o indivíduo não mais isoladamente, mas no interior das estruturas supraindividuais como a comunidade. Para as questões propostas, Stein se vê diante do desafio de aprofundar o conhecimento sobre a natureza da psique e liberá-la do terreno das confusões no qual se encontrava submetida. O termo psique estava sendo

---

[111] STEIN, Edith. *On the Problem of Empathy*. Washington: ICS Publications, 2002, p. 40.

interpretado pelos manuais de psicologia como a mesma coisa que consciência, Stein adverte que essa diferenciação entre os dois conceitos, além de necessária, aponta para uma diferenciação ainda maior, a distinção entre fenomenologia e psicologia.[112]

Para ela, a psique diferencia-se da consciência, na medida em que designa uma instância que pertence à realidade do mundo, enquanto a consciência, do ponto de vista fenomenológico, tomada em sua pureza, é algo que se contrapõe a tudo o que existe. Em *Beiträge,* além de encarar as questões de ordem epistemológica subjacentes à discussão, ela também apresenta uma investigação sutil no terreno da psique e da personalidade humana. Para desvendar a essência da personalidade, Stein dedica uma parte do *Beiträge* à investigação das propriedades específicas do caráter humano e, nele, aprofunda o estudo sobre a alma propriamente dita em sua estrutura pessoal.

De início, suas descobertas revelam a alma como uma dimensão una e fechada em si mesma e aberta ao mundo dos objetos numa espécie de correlato do meio ambiente que a circunda. Essa dupla natureza da psique – voltada para o interior e o exterior – não coloca em risco a unidade indestrutível que lhe é conferida, pois mesmo diante da multiplicidade de objetos que chegam, ela mostra-se capaz de conservar o que está em seu mais íntimo interior. Stein identifica esse interior como o *centro*, o *núcleo*,

---

[112] Essa discussão já fora apontada no primeiro capítulo e nesse instante ela aparece de forma mais nítida. No início do *Beiträge*, Edith Stein nos diz que a psicologia é uma ciência cuja tarefa principal é explorar o campo da psique, e assim o faz seguindo o procedimento natural, dogmático. Ou seja, ela não apresenta uma postura epistemológica, não reflete sobre os próprios procedimentos metodológicos. Contrariamente, a fenomenologia está preocupada em desvendar "a legalidade ideal que regula a coerência da consciência constituinte e do objeto constituído. A exploração dessa legalidade é a tarefa da fenomenologia transcendental". Entre os diversos correlatos da consciência está o psíquico, que constitui o objeto maior da psicologia. Ou seja, a fenomenologia é filosofia rigorosa capaz de esclarecer os fundamentos das ciências e do terreno sobre os quais elas se assentam. STEIN, Edith. *Philosophy of Psychology and the Humanities*. Washington: ICS Publications, 2000, p. 6.

o lugar em que a alma cresce e, ao mesmo tempo, onde ela encontra-se enraizada; *trata-se de um centro que configura o ser da alma individual e que molda o seu caráter.* Ela fala em "centro pessoal".[113]

O centro é responsável por impor todo o desenvolvimento psíquico e espiritual do indivíduo, sem que ele mesmo (o núcleo) sofra qualquer tipo de desenvolvimento. É por meio da singularidade do núcleo que toda a vida espiritual do indivíduo é determinada e, da mesma forma, a vida afetiva e o caráter de cada um são fortemente marcados pela qualidade deste centro. Stein demonstra que o jeito como a pessoa relaciona-se com os próprios sentimentos ou como ela assume determinadas posições é resultado da qualidade individual de cada alma.

> *Como você acolhe os valores e como você se comporta através deles, como você aproveita as coisas, como você faz a si mesmo feliz, como você sofre e como você tolera: tudo isso depende da qualidade da alma.*[114]

Outra característica que a autora sublinha em suas análises sobre a alma é o momento em que "ela encontra-se em casa".[115] Trata-se de um momento em que a alma abre-se para si mesma e ali encontra as qualidades que são fornecidas desde o interior, como a pureza, a bondade e o refinamento. Stein as denomina como "qualidades estáticas":[116] não provêm das circunstâncias externas, mas derivam do interior da própria alma.

As situações externas são as oportunidades em que o indivíduo se vê convidado a cometer uma boa ou má ação, por exemplo, e colocar em

---

[113] STEIN, Edith. *Philosophy of Psychology and the Humanities*. Washington: ICS Publications, 2000, p. 237.
[114] *Ibid.*, p. 228.
[115] *Ibid.*, p. 227.
[116] *Ibid.*, p. 231.

prática as qualidades psíquicas que dispõe – qualidades que para tornarem-se hábitos precisam ser corretamente estimuladas –, mas, ainda assim, ao cometer ações ruins, a pureza interior da alma permanece intocada. Capacidades sensíveis, como aprimorar algumas habilidades individuais ou aguçar os sentidos, serão desenvolvidas ao longo da vida psíquica do indivíduo, enquanto o que pertence ao núcleo da alma, as qualidades estáticas pertencentes ao centro pessoal, não estão sujeitas a nenhum tipo de desenvolvimento ou influência do sensível. Ao mesmo tempo, amadurece e imprime em todo o curso do desenvolvimento psíquico a sua marca registrada. Para Stein, a dinâmica da vida psíquica:

> *É um caminho de desenvolvimento no qual as habilidades são treinadas. Pré-requisitos desse treino são as potências que a pessoa dispõe, as circunstâncias externas sob as quais o que é vivo progride, e finalmente a predisposição original que mais ou menos estende-se no interior do processo de desenvolvimento.*[117]

Na obra sobre antropologia filosófica, Pezzella problematiza a relação que Stein estabelece entre a simplicidade do núcleo e a mutabilidade da alma manifesta no desenvolvimento psíquico. Trata-se apenas de uma aparente contradição, pois o que Stein quer demonstrar é que o núcleo, o centro do ser pessoal, é também a forma substancial do ser humano que, por sua natureza, prescreve de antemão o campo dos possíveis atos mutáveis. Diz Pezzella, "não há contradição entre isso que é imutável, o núcleo, e isso que varia, conforme as solicitações externas, porque tudo está inscrito na substância".[118]

---

[117] *Ibid.*, p. 231.

[118] PEZZELLA, Anna Maria. *L'Antrologia Filosofica di Edith Stein: Indagine Fenomenologica della Persona Umana*. Roma: Città Nuova, 2003, p. 75.

A partir da década de 1930, Stein passa a pensar sobre a alma ou o âmbito psíquico, sempre em "confronto" com as teses do mestre Tomás de Aquino. Em *A estrutura da pessoa humana*, Edith Stein estabelece o diálogo de forma mais explícita e incorpora a terminologia tomista-aristotélica para se referir às questões do ser humano. Sua pesquisa, diferente das obras anteriores, adota uma postura fenomenológica mais realista e, segundo Pezzella, nesse momento "ela está mais interessada no eu que vive e que se coloca questões existenciais como a origem e o sentido da própria vida"[119] do que no eu puro alcançado pela *epoché*. Ela parte de uma diferenciação entre o mundo orgânico e o meramente material, tal como havia feito na análise do corpo vivo e do corpo físico, mas dessa vez, a título de comparação, ela introduz na investigação uma passagem pelos diversos âmbitos do ser, como o vegetal, animal e o humano.

A diferença primordial entre o meramente material e o orgânico é que, no último, há uma configuração que ocorre desde dentro, o que Tomás de Aquino chama de *anima*, de forma interna. A forma interna é na realidade um princípio de vida que garante ao corpo crescimento, organização da matéria, a junção das partes em um todo unificado e que faz o organismo apontar para algo que está além de si mesmo pela reprodução: a espécie. Aristóteles denomina essa força como alma vital, anima vegetativa ou *entelequia*.[120] É interessante notar que a discussão aplica-se também ao caso do corpo, que depende da alma, o princípio de vida, para existir. O corpo sem alma não é uma substância, é um corpo morto e Stein apoia-se nisso para dizer que a alma é por sua própria natureza o centro de um ser psicofísico, é ligada a um corpo que ela anima e do qual extrai forças.

Para delimitar as características do especificamente humano, ela se vale – na esteira da cosmologia de Tomás de Aquino – da investigação

---

[119] *Ibid.*, p. 67.
[120] STEIN, Edith. *La Estructura de la Persona Humana*. Madrid: BAC, 2002, p. 44.

dos outros âmbitos do ser, buscando neles similaridades ou discrepâncias. Para São Tomás, no mundo criado existe uma hierarquia entre as diversas esferas da realidade: parte das coisas materiais, passa progressivamente às plantas, animais, seres humanos até chegar aos espíritos puros, e – tirando os últimos que não possuem a materialidade – os demais campos guardam entre si uma relação que, segundo o santo, segue a lei da continuidade. Cada nível conserva o que há de mais elevado no nível inferior e, assim, cada campo encerra em si formas mais ou menos elevadas.

Cabe sublinhar que o processo que envolve os diversos níveis, em geral, ocorre também dentro de cada ser particular. O ser humano, então, desde a perspectiva apresentada, é simultaneamente planta, animal e espírito, mas tudo isso contido em uma só forma substancial. Para Tomás não seria possível pensar em várias formas no interior do mesmo ser, e por essa razão ele defendeu com toda a força a unidade da forma substancial. Edith Stein, com essa construção, irá fazer uma espécie de revisão fenomenológica da cosmologia do mestre e averiguar, por seus próprios meios, as realidades mais baixas, para compreender, em seguida, as mais altas.

A diferença entre a coisa material e o organismo se dá pelo princípio de vida que habita nos últimos. O ser vegetal, por sua vez, possui esse princípio: uma alma vital que configura seu organismo desde dentro. Edith Stein chama a atenção para o fato de que a alma presente nos vegetais difere dos níveis superiores, pois a *alma vegetativa* é unicamente *forma corporis*.

O organismo da planta tem como sentido fundamental de seu processo tornar-se o que está prescrito já na semente e, para isso, sua vida se empenhará unicamente em organizar a matéria disponível, descartando o que é indesejável, para então alcançar a figura individual. Para a autora, o aspecto essencial da planta é a falta de consciência e desprendimento. Ela "não está aberta para dentro, não existe para si mesma, não vive em si mesma"[121] e disso resulta a impressão de pureza, inocência e tranquilidade que dela emanam. O movimento físico é bastante restrito e se dá por uma lei estrutural própria que a impulsiona sobre si mesma ou em direção à luz. Assim, Stein demonstra que o desenvolvimento mais perfeito do ser vegetal é justamente quando ele se alça verticalmente até a luz, "no mais esplêndido triunfo da força configuradora sobre a matéria"[122] e abre-se no melhor produto da vida vegetal que é a flor. Essa análise fenomenológica do campo vegetal termina com uma consideração do vegetal no homem e sua respectiva manifestação no comum caráter orgânico que eles dividem.

Em oposição às plantas, a alma dos animais apresenta-se num estado de superação do meramente orgânico para se fazer compreender como alma propriamente dita. A exteriorização da alma animal revela-se na própria movimentação do corpo, que nada mais é do que o reflexo de uma natureza sensível, capaz de captar e reagir ao que vem de fora. Em comparação ao ser das plantas, os animais desfrutam de mais liberdade de movimento; não estão fixados num lugar determinado e não se movimentam mecanicamente de fora para dentro, mas de dentro para fora. Essa manifestação revela, inclusive, uma dupla abertura da sensibilidade animal, de ser afetada por estímulos externos e, ao mesmo tempo, de possuir a capacidade de sentir a si mesmo, configurando uma abertura até o interior. É exatamente essa característica da alma animal, uma sensibilidade exteriorizada nos movimentos corporais, que comprova a existência de uma vida interior. Assim, Stein aproxima-se do significado próprio do conceito de alma:

---

[121] *Ibid.*, p. 48.
[122] *Ibid.*, p. 48.

> *Ter alma quer dizer possuir um centro interior, no qual se percebe o entrechoque de tudo o que vem de fora, e do qual procede tudo que se manifesta na conduta do corpo como proveniente de dentro. Trata-se de um ponto de intercâmbio, no qual impactam os estímulos e do qual saem as respostas.[123]*

A *anima* dos animais, então, está completamente vinculada ao corpo e sua existência separada dele é impensável. Assemelha-se aos vegetais quanto ao processo de configuração desde dentro, mas diferencia-se deles na medida em que são seres instintivos, sensitivos e com uma abertura para dentro que lhes confere interioridade. Essa interioridade – característica essencial das almas sensitivas – é o que os animais dividem com os seres humanos.

Stein está em busca do que existe de especificamente humano na criação, daquilo que há de autêntico e singular no homem e que o situe distante da fronteira com os outros seres e parte da constatação mais evidente do especificamente humano que é o fato dele poder dizer sobre si mesmo: "eu". A alma humana revela-se, em contraste com os animais, capaz de sair de si mesma e penetrar no interior das coisas e de outros sujeitos e, da mesma forma que está aberta ao mundo, ela pode voltar-se sobre si mesma e captar sua própria interioridade. Essa característica é a marca da alma espiritual no homem, que faz dele uma pessoa livre e espiritual, distinta de todos os seres da natureza.

Após percorrer essa jornada fenomenológica descritiva, Edith Stein submete os resultados de suas análises a uma indagação metafísica. Em um capítulo de *A estrutura da pessoa humana*, fala sobre a alma como forma e como espírito, e indaga-se sobre a relação com a problemática da unidade da forma substancial defendida por São Tomás de Aquino.

---

[123] *Ibid.*, p. 55.

A alma humana não é apenas forma *corporis*, mas forma de tudo aquilo que pertence ao ser humano, desde as formas mais baixas até as mais altas e, sobretudo, sem que isso comprometa a unidade da forma substancial. Não há no interior do "composto" humano uma pluralidade de formas, uma para o corpo material, outra que configure o organismo, outra que forme a base da vida animal e daí por diante, mas tudo reporta-se a uma única forma. No interior da espécie homem, todos os extratos estão imbricados e, segundo a autora, a discussão implica um questionamento ulterior sobre a plausibilidade – estipulada e discutida pela tradição – da relação entre *gênero* e *espécie, ser vivo* e *ser humano*.

Para Edith Stein, buscar diferenças específicas, em virtude das quais o *ser vivo* diferencia-se do *ser humano*, e o gênero da espécie, é possível apenas do ponto de vista lógico, já que existem características comuns ou divergentes entre eles, mas não do ponto de vista ontológico, pois, considerando o gênero como as ideias pelas quais cada âmbito do ser alcança sua unidade interna e distingue-se uns dos outros, então, "ser vivo e homem são ideias genéricas de mesmo nível".[124] Na esteira dessas considerações tradicionais sobre a questão do gênero e espécie *homem*, Stein debate com Tomás de Aquino sobre o princípio de individuação, o princípio que nos permite compreender a que se deve a existência de uma pluralidade de exemplares no interior de uma mesma espécie.[125]

O problema da individuação em São Tomás envolve todas as coisas que possuem matéria em sua estrutura e, por isso, também o homem. Diferente de Stein, São Tomás concebe a possibilidade de individuação das coisas pela matéria e, no caso específico do homem, pelo corpo material.

---

[124] *Ibid.*, p. 114.

[125] Para Edith Stein, a espécie enquanto tal é ontologicamente e propriamente formalizante nos indivíduos humanos, aquilo que determina a estrutura e o conjunto das qualidades possuídas pelo indivíduo real.

Sua convicção parte de que "está dado na matéria algo que faz possível, sem diferenciação qualitativa alguma, a existência de uma pluralidade de exemplares com a mesma forma".[126] Significa que a matéria, na medida em que admite determinação quantitativa, oferece a possibilidade de ser formalizada pela mesma espécie, "de modo que aqui e ali tenhamos exemplares dessa mesma espécie".[127] Para Stein, a concepção do autor está em contradição com o modo como ele concebe a alma humana, pois na medida em que ele vê no corpo material o princípio individuador, pressupõe que a espécie é o propriamente formalizante nos indivíduos e, portanto, algo geral. O problema subjacente aqui é que São Tomás não atribui nada de geral à alma humana, ao contrário disso, cada alma é particular e, contra a tese averroísta,[128] possui cada qual um entendimento que lhe é próprio.

Em Edith Stein, ao contrário, o processo de individuação se dá pela forma e não pela matéria, pois o corpo humano já é corpo animado e permeado por espírito. Diferente de São Tomás, que considera a diversidade dos corpos materiais como um mero acaso de processos quantitativos, Stein estabelece uma relação de unidade entre o corpo e a alma, de forma que este corpo é tal por conta desta alma específica. Em Stein:

> *Este organismo – quer dizer, o corpo humano enquanto cabe compreendê-lo como um organismo – não é de sua parte uma substância independente, senão que está por sua vez ordenado e subordinado a*

---

[126] STEIN, Edith. *La Estructura de la Persona Humana*. Madrid: BAC, 2002, p. 115.

[127] *Ibid.*, p. 115.

[128] "Ele (São Tomás) lutou energicamente contra a tese averroísta, muito divulgada em sua época, de que o *intellectus agens*, o entendimento agente, é um e o mesmo para todos os homens. São Tomás via nesta tese uma ruptura da unidade da alma, já que considerava o entendimento como a potência mais elevada da mesma". STEIN, Edith. *La Estructura de la Persona Humana*. Madrid: BAC, 2002, p. 115.

> *uma unidade superior e ao princípio estrutural desta última: todo corporal é corporal e anímico de uma só vez.*[129]

Ao se referir aqui ao anímico do ser humano, Edith Stein tem em mente o nível psíquico que ele divide com os animais, como a reatividade e os impulsos. Esse âmbito psíquico, assim como a corporeidade na qual ele está radicado, está submetido a uma unidade superior que atravessa todos os estratos do ser humano e ocupa um lugar central e dominante na configuração do caráter e da individualidade humana. Essa unidade recebe o nome de alma espiritual. Uma compreensão mais profunda sobre a alma humana sugere de antemão uma inspeção pelo reino do espírito em sua essência e complexidade.

2.3.3 – O espírito

Em *A estrutura da pessoa humana*, Edith Stein demonstra, de uma análise da alma humana, a essência do espírito. De início, ela traça uma série de distinções para demarcar o que ela entende sob esse termo. Num primeiro sentido, espírito pode denotar algo que se opõe à vontade, tal como o intelecto ou o entendimento. Uma segunda possibilidade para o termo espírito pode designar tudo o que se contraria à sensibilidade e ao que a alma humana possui de mais elevado, o termo latino *mens*, o elemento racional que abarca tanto o entendimento quanto a vontade. Ao qualificar a alma como algo espiritual, o que está em jogo – a despeito dos sentidos anteriores – é o termo *spiritus,* o que se opõe ao corpo como *res extensa* e que em grego é traduzido como *hálito*.

---

[129] STEIN, Edith. *La Estructura de la Persona Humana*. Madrid: BAC, 2002, p. 120.

Para Stein, a essência do espírito é de fato o *hálito* dos gregos, caracterizado por três aspectos inerentes: a mobilidade, a ligeireza e a falta de fixação. A criatura espiritual da alma possui em si os três elementos e ela pode sair espiritualmente de si mesma, mover-se livre e soprar para onde quiser sem que abandone o lugar onde encontra-se corporalmente. No caso da alma humana, a falta de fixação que é própria difere da mobilidade dos espíritos puros na medida em que nela ainda realiza-se uma vinculação espacial através do corpo. Os espíritos puros, por sua vez, são "criaturas sem corpo, como os anjos e os demônios",[130] seres espirituais que participam de um inteiro âmbito do ser e que serão investigados com mais profundidade na obra *Ser finito y ser eterno*. O questionamento da alma humana como criatura espiritual abre caminho para Edith Stein pensar nas realidades superiores.

Quando Stein fala em alma, deve-se entender uma só alma. A alma espiritual significa que ela possui um ser, uma natureza espiritual, aqui entendido no sentido de *spiritus*, como o *hálito* que sopra para onde quiser. Ela é diferente dos espíritos puros ou dos espíritos incorpóreos, como anjos ou demônios, pois ela é o centro do ser de uma natureza espiritual-corporal. A esse respeito, Jacinta Turolo nos fala:

> *A alma do homem é o vínculo que une o corpo ao espírito, participando tanto da vida sensível, quanto da vida espiritual. O homem não é animal, nem anjo. Em sua sensibilidade não coincide com o animal, nem em sua espiritualidade com o anjo.* [131]

---

[130] *Ibid.*, p. 123.
[131] TUROLO, Jacinta. *A Formação da pessoa humana*. 2ª ed. São Paulo: Loyola, p. 59.

Segundo Pezzella, Edith Stein traça um verdadeiro mapa do espírito, analisando-o em sua manifestação subjetiva, objetiva, passando pelos espíritos finitos até chegar a Deus, espírito puro por excelência. Vamos analisar, primeiro, o que ela entende por espírito subjetivo.

No trabalho sobre empatia, Edith Stein nos dá uma definição de sujeito espiritual que irá se manter em suas obras posteriores, o sujeito "é um *Eu* em cujos atos um mundo de objetos é constituído e no qual ele mesmo cria objetos por razão de sua vontade".[132] Os atos espirituais no qual o "eu" manifesta-se são conectados uns aos outros por uma cadeia motivacional, uma conexão de sentido, que Edith Stein identifica como propriedade exclusiva da vida espiritual. Em oposição à cadeia motivacional presente na vida espiritual, Stein tem em mente a causalidade que é própria da esfera psíquica e que, por estar imersa na natureza, não é capaz de fazer frente ao que é imposto de fora. Em contraposição à esfera psíquica, a dimensão do espírito é regida pela capacidade intelectual e voluntária de controle, que está ligada à unidade do eu, e sendo assim, pode se colocar em confronto com o corpo e as adversidades provindas do exterior.

Em *Ser Finito y Ser Eterno*, Edith nos dá uma definição muito clara de como a psique e o espírito relacionam-se no interior da pessoa humana.

> *A* anima *é o espaço no centro daquela totalidade composta pelo corpo, pela psique e pelo espírito; enquanto* anima *sensível, habita o corpo, em todos os seus membros e partes, é fecundada por ele e age dando-lhe forma e conservando-o; enquanto* anima *espiritual eleva-se para além de si, observa o mundo colocado fora do próprio Eu – um mundo de coisas, pessoas, acontecimentos – entra em contato inteligentemente com ele e é por ele fecundada.*[133]

---

[132] STEIN, Edith. *On the Problem of Empathy*. Washington: ICS Publications, 2002, p. 96.
[133] STEIN, Edith. *Ser Finito y Ser Eterno: Ensayo de una Ascensión al Sentido del Ser*. México: Fondo de Cultura Econômica, 1994, p. 388.

Nesta citação, apreende-se a alma como o espaço da interioridade, que, por um lado, estabelece um vínculo estreito com o corpo, concedendo e extraindo forças dele, fazendo-o de meio de expressão e, por outro, emana de si atos espirituais que permitem captar, com inteligência, a si mesma e as coisas do mundo, bem como o transcendente e a vida na graça. É a alma espiritual que, para Edith Stein, diferencia o ser humano dos outros âmbitos do ser, na medida em que o capacita para uma consciência sensível do que ocorre na própria interioridade, um voltar-se para dentro que naturalmente implica liberdade.

A dimensão da psique ou o que ela denomina por *anima* sensível relaciona-se à atividade reativa e instintiva a estímulos externos, que de certa forma compartilhamos com os animais. Já a dimensão espiritual, porque envolve a atividade intelectual e voluntária, implica em liberdade e confronto com os estímulos externos. Pezzela afirma que o aspecto intelectual, próprio da alma em sua qualidade de ser espiritual, pode penetrar na profundidade da alma e envolver todo o ser, de forma que "quanto mais o *eu* vive na profundidade, mais ele é capaz de atrair os outros na própria órbita e mais o seu comportamento é livre e pessoal, a ponto de espiritualizar o próprio corpo".[134]

Há uma unidade corporal-anímica no indivíduo humano e isso nos é demonstrado por meio do coração. Ele está à mercê das afetações da alma; se vivencia uma emoção forte e profunda, ele move-se em disparo, palpitação, ou mesmo acalma-se e ameaça parar de bater. Outra forma de compreender a unidade é a vivência dos sentimentos vitais e dos sentimentos sensíveis, como o frescor, o cansaço e a dor corporal, em que mais se expressa essa penetração do pessoal-espiritual no corpo. O corpo pode passar por um processo de espiritualização pessoal, de servir como instrumento de atuação e criação do espírito. O pintor, o ator ou o músico depende de certas habilidades corporais para expor o que guarda de espiritual em seu interior. Pode-se dizer que o "espírito usa o corpo para fins

---

[134] PEZZELLA, Anna Maria. *L'Antrologia Filosofica di Edith Stein: Indagine Fenomenologica della Persona Umana*. Roma: Città Nuova, 2003.

espirituais".[135] O corpo dá notícia do espiritual que vive nele. É um corpo cheio de significados que nos revela o modo de ser espiritual do homem.

Considerando que o corpo é algo material permeado por espírito, alcançamos – no interior do mapeamento indicado mais acima – a esfera daquilo que Edith Stein nomeia como *espírito objetivo*. Em *A estrutura da pessoa humana*, ela cunha a expressão para se referir ao mundo dos valores, e assim o faz numa "dupla intencionalidade: em direção ao objeto tal como ele apresenta-se e sobre este mesmo objeto enquanto portador de valor".[136] Da mesma forma que o espiritual opera sobre um corpo material e o preenche de significado, todas as coisas encontradas na natureza também possuem um sentido que nos comunica algo espiritual. Contudo, no caso da natureza, não se pode falar em espiritualidade pessoal como aquela pertencente às almas, aos espíritos puros e a Deus, mas, ao contrário, fala-se de um espírito-objetivo.

Falar em espiritualidade pessoal pressupõe um eu livre e aberto, mas as coisas, no entanto, "nada sabem de si mesmas e carecem de liberdade para determinar seu ser e sua ação".[137] Os valores não são sujeitos, mas objetos para sujeitos e sua presença em toda a natureza ou mesmo nas coisas particulares, como as cores, os sons e as formas, revelam um sentido ao homem.

Para tornar a ideia mais compreensível, Edith Stein lança mão de um exemplo no qual ela analisa uma bela paisagem. A beleza observável numa paisagem está no todo configurado que vemos, no encontro de todos os sentidos que ali manifestam-se e que se sustentam essencialmente na qualidade das coisas que a integram. A suavidade, a claridade e a paz que uma paisagem transmite derivam da qualidade de seus componentes materiais como a luz e as montanhas. Essas qualidades, por sua vez, podem

---

[135] STEIN, Edith. *La Estructura de la Persona Humana*. Madrid: BAC, 2002, p. 107.

[136] PEZZELLA, Anna Maria. *L'Antrologia Filosofica di Edith Stein: Indagine Fenomenologica della Persona Umana*. Roma: Città Nuova, 2003, p. 83.

[137] STEIN, Edith. *La Estructura de la Persona Humana*. Madrid: BAC, 2002, p. 144.

ser captadas e recebidas pela alma humana, são espirituais e comunicam algo espiritual. Mais à frente cita um segundo exemplo, no qual examina de perto o sentido prático e simbólico de um bloco de granito: sua consistência, sua imobilidade, seu peso específico, entre outras características, acenam para um princípio estrutural próprio do granito. Este princípio estrutural indica algo mais do que um mero conjunto de qualidades sensíveis, pois fala de um modo de ser próprio que possui um sentido.

> *O sentido simbólico e o sentido prático guardam uma relação de interna correspondência. Ambos apontam a mais além de si mesmos: permitem suspeitar a existência de um espírito pessoal que está detrás do mundo visível e que conferiu a cada ser o seu sentido, dando-lhe a forma correspondente ao lugar que ocupa na estrutura do todo; um espírito pessoal que escreveu o grande livro da natureza e fala nele ao espírito do homem. Dessa maneira, não há ser algum carente de espírito: a matéria formalizada é matéria atravessada por espírito. A forma não é espírito pessoal, não é alma, mas é sentido, que procede de um espírito pessoal e fala a um espírito pessoal e intervém em seu contexto vital. Está, portanto, plenamente justificado falar em espírito objetivo.[138]*

Toda a obra da criação possui um sentido previamente determinado, e o ser humano, portanto, é um ser livre para desvelar seu sentido e deixar fluir força até ele, visto que essas fontes de sentido são capazes de renovar e incrementar a força do ser humano.

---

[138] *Ibid.*, p. 141.

2.4 – O SER SOCIAL DO SER HUMANO

Para Edith Stein, compreender o ser humano em sua estrutura pessoal e individual é compreender também em que medida ele está determinado por seu ser social. O indivíduo humano é observado no interior de uma dinâmica de atos, relações, estruturas e tipos sociais que apontam para um indivíduo imerso numa coletividade e codeterminado em todo seu ser corporal-anímico por ela. Stein parte do princípio de que estudar o indivíduo humano isolado é uma pura abstração, pois a vida em comum não se dá apenas por uma razão genética, mas por pertencer à própria condição humana; condição esta, baseada num processo de desenvolvimento e configuração da pessoa, que – num contínuo atualizar-se – ocorre na simultaneidade com a ajuda de outros homens. Toda abordagem do tipo social, da comunidade e do povo, gira em torno desse eixo principal.

Na tese de doutorado, ela aprofunda um tema que Husserl já havia desenvolvido, que diz respeito à compreensão do sujeito nas suas relações intersubjetivas. Trata-se do problema da empatia, uma vivência muito particular presente no fluxo de consciência, que funda a relação que o sujeito estabelece com outros sujeitos, e que permite compreender a vida psíquica de seus semelhantes. A definição da autora é a "empatia como a percepção (*Erfahrung*) de sujeitos alheios e suas experiências (*Erleben*)",[139] ou como Angela Ales Bello explica, "uma descrição fenomenológica da forma em que os sujeitos humanos se reconhecem mutuamente tais, isto é, precisamente sujeitos e não objetos, como as coisas do mundo físico".[140] A empatia é diferente de vários outros atos que podem – por uma má interpretação

---

[139] STEIN, Edith. *On the Problem of Empathy*. Washington: ICS Publications, 2002, p. 1.
[140] BELLO, Angela Ales. *A fenomenologia do ser humano: traços de uma filosofia no feminino*. Bauru, SP: EDUSC, 2000, p. 160.

– confundir-se com ela, como por exemplo: a memória, a expectativa, a fantasia e a simpatia.

A análise de Edith Stein é bastante meticulosa sobre as distinções entre os atos empáticos e os atos que são de outra natureza. A empatia é uma experiência em que algo não primordial anuncia algo que é primordial. Ao encontrar alguém, muitas vezes captamos também o sentimento dessa pessoa, se ela está feliz ou triste. Diante disso, eu posso ter uma vivência de alegria ou tristeza, mas nunca sentir a alegria da mesma forma como ela a experimenta. Numa situação como essa, eu não tenho os sentimentos em primeira pessoa, eles não são primordiais, mas o que comparece de primordial para mim é o fato de sentir que a pessoa os está vivendo. A situação empática é, essencialmente, uma experiência que não se confunde com um ato de imitação, associação ou identificação plena entre sentimentos, mas ao contrário, é o ato fundante que "está na base de todos os atos referidos e implica uma clara distinção entre os sujeitos".[141]

Para Stein, não há uma dissolução nem identificação do "eu" na experiência psíquica do outro, mas a individualidade do sujeito é preservada inclusive porque está profundamente ligada à sua própria corporeidade. A simpatia, por sua vez, é refutada, pois se trata de uma reação psíquica que, para existir, necessita da empatia.

Cabe ressaltar que a formulação sobre a constituição do indivíduo psicofísico converge para uma visão da formação do sujeito desde a alteridade. É por meio do conhecimento das personalidades alheias que eu construo referências para uma autoavaliação, sem que isso implique num determinismo, que o social exerce sobre o conceito que o indivíduo tem de si mesmo. Pela empatia, as mais diversas estruturas pessoais são oferecidas, acenando para aspectos que existem em maior ou menor proporção no

---

[141] *Ibid.*, p. 161.

interior do indivíduo e podem auxiliá-lo não apenas no autoconhecimento, como também na autoavaliação. Angela Ales Bello explica da seguinte forma:

> *A constituição do indivíduo fora de mim é a condição da constituição do indivíduo em si mesmo; pois, quando capto o corpo de um outro como meu semelhante, capto também a mim mesmo como igual a ele, desse modo a nível psíquico situo-me em seu ponto de vista para olhar minha vida psíquica, adquirindo a imagem que o outro tem de mim.*[142]

Alguns anos após o estudo sobre a empatia, Edith Stein dedica-se, num ensaio publicado em 1922, no *Beiträge*, a um aprofundamento das relações entre o indivíduo e a comunidade. No trabalho, ela aponta três tipos de relações sociais: a comunidade, a sociedade e a massa. Vale lembrar que tais relações não são estáticas, estão misturadas dentro de organizações sociais, a cada momento uma sobrepondo-se a outra. Sua forma de proceder nas análises é filosófica, segue uma descrição fenomenológica dos eventos, de uma forma em que o fato associativo seja representado como a expressão dos atos sociais intrínsecos ao ser humano.

Esses atos ou tomadas de posição são entendidos por ela como uma resposta dos indivíduos a valores pessoais como amor, respeito, admiração, bem como seus opostos. Por isso, as formas associativas podem ser encaradas como "análogas a personalidade individual",[143] no interior das quais o mesmo indivíduo não perde a individualidade, mas tem a possibilidade de desenvolvê-la e ampliá-la por meio da abertura ao outro. Todavia, nem sempre a abertura resulta em efeitos positivos e, portanto, para uma melhor

---

[142] *Ibid.*, p. 162.
[143] BASEHEART, M. Catharine. *Person in the World: Introduction to the Philosophy of Edith Stein*. Netherlands: Kluwer Academic Publishers, 1997, p. 58.

compreensão da comunidade se faz necessário um contraste com as outras formas de vida associativa: a sociedade e a massa.

A sociedade, para Stein, é uma forma de organização que tem sua origem numa união racional e mecânica entre indivíduos como, por exemplo, um clube ou uma corporação. Um traço essencial da sociedade, diz a autora, é que a relação entre os membros é metódica e manipuladora. Para clarear essa forma associativa, ela dá o exemplo do demagogo, alguém que deseja possuir pessoas subservientes aos seus próprios interesses e propósitos. Nota-se que, enquanto sujeito, o demagogo pretende que o outro com quem se relaciona seja apenas um objeto que sirva ao seu propósito, entretanto, para que ele consiga transformar o outro em objeto ele precisa antes tratá-lo como sujeito. Visto que a subjetividade é o objeto do demagogo, Edith afirma que o homem da comunidade assume para ele um papel de "expediente epistemológico".[144]

Em contraposição ao homem da sociedade, ela faz uma análise do genuíno homem do povo. Ele é alguém que se coloca a serviço do povo e exatamente por se deixar ser afetado como um homem da comunidade, responde pelos desejos, necessidades e interesses de todos. Sua posição de líder não é intencional, bem como as impressões que ele causa. Nesse sentido, o homem da sociedade é essencialmente um observador, é alguém que se coloca fora da relação e racionalmente tira vantagem do que a comunidade lhe oferece, enquanto o homem do povo comporta-se de forma ingênua sem calcular os efeitos de sua conduta. Porém, na medida em que o homem do povo toma consciência de sua função, ele começa a estudar as pessoas para melhor guiá-las. Disso decorre o risco, afirma Stein, de que ele passe a uma postura associativa.

---

[144] STEIN, Edith. *Philosophy of Psychology and the Humanities*. Washington: ICS Publications, 2000, p. 131.

A vida em comunidade, por outro lado, diferencia-se da sociedade, na medida em que a união entre os indivíduos se dá de maneira natural e orgânica. O que rege a união social e a vida em comum é a intersubjetividade e a troca por contato ativo entre os membros. São esses fatores, inclusive, que irão construir o caráter de um povo, pois, sendo fundado por indivíduos, ele é de certa forma análogo à personalidade individual. Segundo Mary Catharine Baseheart, "a comunidade possui uma força vital, da qual depende o vigor e a qualidade de sua vida",[145] e pode-se entender essa força vital como produzida pela psique individual com desenvolvimento de suas capacidades. O desenvolvimento do indivíduo depende de sua predisposição original e de "oportunidades acidentais"[146] que ocorrem no seio da comunidade. Há certas propriedades que só podem desenvolver-se na relação com outras pessoas e Edith Stein cita humildade e orgulho; servidão e desafio; o poder, a luxúria e o espírito de grupo.

Com relação à terceira categoria associativa, ela diz que há entre as pessoas uma espécie de contágio e de transferência, que potencializadas refletem o tipo de agrupamento que define *a massa*. Trata-se da união entre indivíduos que falham ao exercer o poder de decisão e de pensamento e acabam sucumbindo a "reações baseadas em sugestões, imitações e sentimentos".[147] Há uma forte tendência ao comportamento uniformizado e a uma "objetividade coletiva".[148] A pessoa dispõe de uma liberdade da vontade que permite que se posicione contra a influência do meio ambiente, mas também contra

---

[145] BASEHEART, M. Catharine. *Person in the World: Introduction to the Philosophy of Edith Stein*. Netherlands: Kluwer Academic Publishers, 1997, p. 58.

[146] STEIN, Edith. *Philosophy of Psychology and the Humanities*. Washington: ICS Publications, 2000, p. 266.

[147] BASEHEART, M. Catharine. *Person in the World: Introduction to the Philosophy of Edith Stein*. Netherlands: Kluwer Academic Publishers, 1997, p. 62.

[148] STEIN, Edith. *Philosophy of Psychology and the Humanities*. Washington: ICS Publications, 2000, p. 238.

a sua predisposição natural. A segunda possibilidade resultará numa personalidade inautêntica adquirida por contágio e expressa em pseudoatitudes.

O entrelaçamento vivido na comunidade, diferente das outras estruturas associativas, possui um caráter comum que deriva do envolvimento e da força vital empregada por seus integrantes. Os indivíduos não contribuem com toda sua força para a comunidade, eles guardam reservas para suas próprias vidas e para dividir entre as várias comunidades as quais pertencem. O que concorre para a qualidade de vida em comunidade são "os motivos dos indivíduos e a vitalidade com a qual eles levam esses motivos para a ação no interior da comunidade".[149] A motivação e a força vital necessárias para a manutenção da vida da comunidade encontram-se no mundo dos valores e podem ser apreendidos no contato afetivo com outras pessoas, na observação de figuras históricas, na arte, na religião e assim por diante. Para Stein, os valores são motivos, que somados aos valores herdados do passado, tornam-se fatores de orientação do comportamento.

Há na comunidade um fator de codeterminância na configuração do ser corporal-anímico, na medida em que algumas propriedades só podem ser estimuladas na união com outros indivíduos. Há também, no interior da comunidade, um elemento típico comum nos indivíduos, que para Stein é essencial na preservação do caráter genuíno da comunidade, o algo a mais que distingue o indivíduo daquilo que pode ser chamado de típico. Afirma Ales Bello que a perspectiva de Stein leva em consideração tanto os momentos positivos quanto negativos do fato associativo, insistindo sempre na sinalização de uma ética ideal do dever ser como possibilidade no horizonte das ações humanas.

Na investigação sobre o destino do povo e do indivíduo inserido na grande comunidade, Stein vai ainda mais a fundo, e chama a atenção para

---

[149] *Ibid.*, p. 58.

o fato de que acima de tudo está o criador e o reitor de todas as coisas. Tudo se deve a Ele. Tudo é vontade Dele. Ter responsabilidades com seu povo, assim como assumir determinados papéis sociais, são, de fato, tarefas do indivíduo mediante sua comunidade, mas não configuram o seu critério último de valor, que deve ser o de responder ou não à chamada de Deus.

Capítulo III
ANTROPOLOGIA TEOLÓGICA

3.1 – SENTIDO E POSSIBILIDADE DE UMA FILOSOFIA CRISTÃ

Os escritos de Edith Stein sobre antropologia filosófica contemplam o ser humano em sua estrutura psicofísica e espiritual, e buscam analisá-lo na relação que mantém com o mundo das coisas e com os outros sujeitos que o circundam. Seu modo de proceder é sempre marcado pelo viés fenomenológico, alcança as vivências de um eu que possui uma corporeidade, um âmbito reativo psíquico e uma esfera de controle das reações fundada no aspecto espiritual que o constitui. Conforme a exigência da autora, a pesquisa antropológica sobre um indivíduo isolado de seu contexto vital é apenas uma parcela de sua realidade e requer que o ser capaz de interagir seja entendido dentro de um contexto de relações.

Surge a visão de que todo o mundo criado é permeado por um espírito – o espírito objetivo, os valores expressados na qualidade das coisas presentes na natureza – que se comunica com aquilo que há de espiritual na pessoa humana. O indivíduo passa a ser visto com a abertura espiritual ao que lhe vem de fora, essencialmente como um ser que valora. Do ponto de vista da intersubjetividade e da natural inserção do ser humano em estruturas supraindividuais, a investigação filosófica da autora – que procede de uma tentativa de explicitar em que medida o sujeito é determinado pelo social – deixa transparecer a dificuldade que é separar o que há de inato no indivíduo do que é resultado de uma influência externa.

A indagação filosófica sobre a constituição trial[150] da pessoa humana é fundamental tanto para compreensão dos diversos mecanismos psíquicos como para a compreensão da dinâmica desses mecanismos quando em contato com as coisas da natureza ou quando inseridos na coletividade. Adverte-nos a autora que todo esforço de compreensão do ser não pode se esgotar nisso. Para ela:

> *A teoria geral do ser não deve limitar-se ao ser criado, mas deve estudar a diferença e a relação existente entre o ser criado e o incriado. Por isso,*

---

[150] Categoria extraída do texto de Henrique C. de Lima Vaz, no qual ele expõe os dois esquemas clássicos de antropologia filosófica na tradição ocidental: o esquema dual, formando a estrutura corpo e alma e o esquema trial, enquanto formado por corpo, alma e espírito. LIMA VAZ, Henrique C., *Experiência mística e filosofia na tradição ocidental*. São Paulo: Loyola, 2000, p. 22.

> *uma antropologia que não levasse em conta a relação do homem com Deus não seria completa, nem poderia servir de base para a pedagogia.*[151]

A antropologia filosófica, descrita acima, necessita da complementação de uma antropologia teológica. Para Edith Stein, assim como para Tomás de Aquino, a antropologia concebe o homem como um microcosmo, um ser que carrega em si aspectos de todos os reinos do mundo criado e, assim, ocupa um lugar central no interior do edifício da metafísica cristã. Stein afirma que sobre a antropologia recaem todas as questões metafísicas, filosóficas e teológicas, bem como dela partem caminhos em todas as direções. Se a antropologia filosófica necessita do complemento da antropologia teológica para servir ao propósito de uma teoria pedagógica completa, parece útil evidenciar como a autora trabalha a complexa relação entre filosofia e teologia, e como se dá a passagem de uma à outra no interior de seu pensamento, bem como suas recíprocas abordagens no terreno da teoria geral do ser.

A problemática entre filosofia e teologia é uma preocupação que Edith Stein manifesta pela primeira vez em 1929, no *Jarbuch* – por ocasião do septuagésimo aniversário de Husserl –, quando traça uma comparação entre a filosofia de Husserl e a filosofia perene de São Tomás de Aquino. Os resultados alcançados por ela são retomados em *Ser Finito y Ser Eterno*, cuja discussão inicial problematiza as três diferentes abordagens do ser ao longo da história da filosofia, para demonstrar em que medida a filosofia e a teologia podem trabalhar lado a lado na busca pela verdade. Cabe aqui citar as palavras de Angela Ales Bello:

> *Tal projeto, caracterizado por querer destilar, através de um exame da história da filosofia ocidental o melhor que nela havia, não podia não fazer as contas com uma forte experiência que marcou nossa cultura, isto*

---
[151] STEIN, Edith. *La Estructura de la Persona Humana*. Primeira edição. Madrid: BAC, 2002, p. 30.

> *é, a experiência cristã. Tratava-se, então, de escolher uma das duas posições assumidas tradicionalmente frente a este problema, ou tentar colocá-las juntas, de conciliar o momento religioso e aquele filosófico, ou ignorar o primeiro e prosseguir, como se o cristianismo não estivesse sobre a via traçada pelo pensamento grego.*[152]

Diante disso, as abordagens da filosofia antiga, da filosofia escolástica e da filosofia moderna com relação ao estudo do ser são analisadas por Stein de modo que se faça notar não só a diferença entre elas, mas a possibilidade de harmonizá-las no interior de uma filosofia cristã.

Sobre a filosofia grega e medieval, ela afirma que ambas tinham como questão central o problema do ser, ainda que de perspectivas opostas: enquanto a primeira ocupava-se exclusivamente com os dados da natureza e do mundo criado, os pensadores cristãos defrontavam-se com o mundo sobrenatural e os dados revelados. A filosofia moderna, em geral, privilegiou o problema do conhecimento em detrimento ao estudo do ser, sendo a origem do movimento em direção à pesquisa metodológica e epistemológica, a ruptura da filosofia moderna com a tradição e com a doutrina da fé e a teologia.

> *Já não via na verdade revelada uma norma para verificar seus resultados. Tampouco aceitava as tarefas que lhe fixava a teologia, senão que queria resolver as dificuldades por seus próprios meios. Considerava seu dever limitar-se a luz natural da razão, e não ultrapassar o mundo da experiência natural. Queria ser uma ciência autônoma em toda a acepção do termo. Essa tendência a levou em grande medida a ser uma ciência ateia.*[153]

---

[152] STEIN, Edith. *La Ricerca della Verità: dalla Fenomenologia alla Filosofia Cristiana*. Ed. Angela Ales Bello. 3ª ed. Roma: Città Nuova, 1999, p. 7.

[153] STEIN, Edith. *Ser Finito y Ser Eterno: Ensayo de una Ascensión al Sentido del Ser*. México: Fondo de Cultura Econômica, 1994, p. 23.

A cisão e a incompatibilidade patente entre a filosofia moderna e a filosofia escolástica, no entanto, transformam-se ligeiramente quando, na segunda metade do século XIX, ocorre um verdadeiro renascimento dos estudos medievais. O trabalho de voltar ao passado em busca de materiais e fontes valiosas desencadeou, segundo Stein, o "conhecimento de um mundo esquecido, incomparavelmente rico, dinâmico, cheio de brotos vivos e fecundos",[154] onde descobriu-se também a obra de grandes filósofos medievais que se imbuíam de questões repetidas até hoje. Ressalta a autora que nesse período de renascimento da filosofia cristã, a filosofia moderna descobriu que o caminho percorrido há três séculos era agora impossível de ser trilhado, inclusive para aqueles que tentavam um retorno a Kant.

Surge, então, uma volta à filosofia do ser, primeiramente em Husserl e Scheler, e mais tarde, derivando deles, a filosofia da existência de Heidegger e a doutrina do ser de Hedwig Conrad-Martius. Pergunta-se Edith Stein: haveria a possibilidade de uma união entre a nova filosofia do século XX e a filosofia perene praticada na Idade Média e, em consequência, um trabalho comum? Segundo Laura Cantò, a resposta parece estar "na convergência entre a tese tomística e sua visão da filosofia cristã".[155]

Em São Tomás existe a possibilidade de um trabalho comum entre a filosofia pura e a teologia, sem que fique comprometida a diferença entre elas. Este último caso pode ser averiguado, inclusive, pelo grande interesse existente na filosofia de Aristóteles e dos árabes, cujo pensamento era exclusivamente baseado na razão natural. São Tomás admite que ambas não poderiam estar radicalmente separadas se existe:

---

[154] *Ibid.*, p. 24.

[155] CANTÒ, Laura. *Sguardo Essenciale: Antropologia e teologia em Edith Stein*. Roma: Edizioni OCD, 2005, p. 165.

> *Um caminho e um campo de trabalho comum para todos os buscadores da verdade, é evidente também que para ele a ciência natural e a fé, a filosofia e a teologia não estão separadas uma da outra como se não houvesse nada em comum entre elas. Sua intenção é precisamente provar, na Summa filosófica, a verdade da fé católica e refutar os erros opostos.*[156]

Na tentativa de estabelecer o sentido e a possibilidade de uma filosofia cristã, Edith Stein dialoga não apenas com os escolásticos, mas também com o contexto francês,[157] e por meio de autores como J. Maritain (1882-1973) e E. Gilson (1884-1978), promove um debate sobre o significado da filosofia cristã.

Sua argumentação baseia-se na concepção de Maritain sobre a necessidade de distinguir entre a *natureza* e o *estado* da filosofia. Para ele, a *natureza* da filosofia é independente da teologia e da fé; a natureza da filosofia, por desenvolver-se no interior de condições históricas concretas, justificaria a afirmação sobre um estado cristão da filosofia. A filosofia em sua natureza é uma atividade da pura razão humana, fundada nos instrumentos que a razão natural dispõe ou, ainda, uma ciência fundamental.

---

[156] STEIN, Edith. *Ser Finito y Ser Eterno: Ensayo de una Ascensión al Sentido del Ser*. México: Fondo de Cultura Econômica, 1994, p. 31.

[157] Em nota, Stein oferece três definições de filosofia da religião às quais chegaram os integrantes das Jornadas de estudos sobre fenomenologia e tomismo em Juvisy, do qual ela também fizera parte em 1932. Consta em nota que a primeira definição dirigia-se ao cristianismo como a filosofia pertencente aos padres da Igreja, que atribuíam ao próprio cristianismo a realização daquilo que filósofos gregos aspiravam e também porque a doutrina da fé servia-se de noções filosóficas. Nesse sentido, a filosofia cristã e a teologia são uma só coisa. A segunda definição faz menção à filosofia que tenta unir a razão natural à fé como fonte de conhecimento e, sendo assim, o sentido da filosofia da religião, por aqueles que veem nela somente uma disciplina exclusivamente natural – tal como crê Tomás de Aquino – é cancelado e concebido como a mesma coisa que teologia. Por fim, a terceira definição é aquela que concebe a filosofia desenvolvida na Idade Média sob a influência do cristianismo, defendida por Etienne Gilson nos seus cursos sobre o espírito da filosofia medieval. Também J. Maritain compartilha dessa visão e afirma que, a despeito dos tomistas mais estritos, a filosofia de São Tomás é também filosofia cristã. STEIN, Edith. *Ser Finito y Ser Eterno: Ensayo de una Ascensión al Sentido del Ser*. México: Fondo de Cultura Econômica, 1994, p. 30.

Por ciência fundamental entende-se não um campo de estudos quaisquer, mas uma ciência capaz de esclarecer o fundamento de todas as demais ciências. É assim também que Edith Stein concebe a natureza da filosofia.

Porém – e ela relembra a afirmação de Aristóteles em *Metafísica* – a investigação sobre o ser ou o ente é a tarefa da *filosofia primeira* e o filósofo comprometido irá investigar até os últimos fundamentos que lhe cabe alcançar. Disposto a reconhecer a limitação do próprio conhecimento e a limitação dos meios que dispõe para alçar uma visão mais abrangente e profunda, ele deve entrar no terreno da fé que "enriquece também a filosofia ao dar-lhe noções que lhe eram estranhas antes de chegar a beber desta fonte".[158] O conhecimento revelado pela fé e pela teologia informam a razão natural sobre o primeiro ente. O movimento em direção à doutrina da fé, em busca de uma complementação, caracteriza o que pode ser chamado como o *estado cristão* da filosofia, no qual a própria filosofia "vê abrir-se diante dela uma nova perspectiva de sua própria natureza: o que Maritain, com Gabriel Marcel, designam como um escândalo para a razão".[159]

A filosofia cristã, para Edith Stein, não significa uma mera exposição da ideologia de pensadores cristãos, mas uma perfeita harmonização entre o que oferece a razão natural, de um lado, e a Revelação de outro, a maneira pela qual a razão humana utiliza a fé como fonte de conhecimento.[160]

---

[158] STEIN, Edith. *Ser Finito y Ser Eterno: Ensayo de una Ascensión al Sentido del Ser*. México: Fondo de Cultura Econômica, 1994, p. 39

[159] *Ibid.*, p. 40.

[160] Sobre a relação entre Stein e Maritain diante do problema entre natureza e estado cristão da filosofia, Juvenal Savian demonstra num artigo que Stein supera a dicotomia imposta por Maritain. Segundo o autor, quando Maritain estabelece a polaridade entre a natureza da filosofia pura de um lado *versus* "a experiência cristã como revelação de uma história sobrenatural do homem", ele, junto com isso, estabelece a impossibilidade de uma autêntica filosofia cristã, abrindo espaço para uma filosofia cristã unicamente feita por cristãos. Segundo Savian, Edith Stein, na medida em que agrega à experiência do filósofo os dados da experiência de Deus, amplia a perspectiva da indagação sobre o ser e concede uma possibilidade autêntica de um pensamento filosófico cristão. SAVIAN, Juvenal. "Experiência Mística e Filosofia em Edith Stein". *Agnes: cadernos de pesquisa em teoria da religião*. São Paulo, n. 6, pp. 35-49, 2007.

O apelo a uma filosofia cristã coloca a filosofia e a teologia lado a lado, de forma que uma não se transforme na outra, mas que se harmonizem entre si. Sobre essa relação, Stein nos diz que:

> *Se a tarefa da teologia é constatar os fatos da revelação enquanto tais e elaborar seu sentido e causalidade, cabe à filosofia colocar em acordo com a fé e a teologia o que ela elaborou por seus próprios meios no que concerne à compreensão do ente em suas últimas causas.*[161]

A compreensão do ente por parte do homem depende também da forma como se dá a sabedoria revelada por Deus aos homens. Ele comunica-se com o espírito humano, como conhecimento progressivo, por meio de conceitos e juízos, ou pode, na medida em que dita sua sabedoria, elevá-lo para além de sua forma natural e fazê-lo partilhar de um outro tipo de conhecimento, mais simples e mais profundo, conhecimento adquirido na participação da vida divina. Trata-se da visão mística, do ideal "para o qual tende a filosofia em sua busca por sabedoria", o "fim supremo durante a vida terrestre".[162] Nem sempre esse ato supremo da graça é enviado ao ser que o procura, e por isso há ainda um grau anterior, a fé viva e autêntica.

A fé, para Stein, é a percepção de Deus, mas não uma percepção que esteja apoiada nos sentidos ou nas deduções lógicas de verdades evidentes. Antes disso, a fé é um conhecimento adquirido sem compreensão, uma luz obscura provada por aqueles que se abrem à graça, porque a fé pressupõe uma aceitação da graça e, assim, uma participação na vida divina. Ao falar da obscuridade da fé, Stein evoca os escritos do grande místico espanhol, São João da Cruz, cuja obra espiritual é permeada pela metáfora da noite escura,

---

[161] STEIN, Edith. *Ser Finito y Ser Eterno: Ensayo de una Ascensión al Sentido del Ser*. México: Fondo de Cultura Econômica, 1994, p. 41.

[162] *Ibid.*, p. 45.

remetendo ao itinerário que a alma percorre da mais profunda escuridão rumo a mais infinita claridade.[163] Resume Stein, "uma filosofia cristã considerará como sua mais nobre tarefa preparar o caminho da fé",[164] e cita o exemplo de São Tomás, cuja obra reflete todo um esforço em construir uma filosofia pura fundada na razão natural, com o intuito de cativar os corações descrentes e incrédulos para, quem sabe, deixá-los progredir mais do que podiam imaginar.

3.2 – A ANTROPOLOGIA TEOLÓGICA

Em *A estrutura da pessoa humana*, Stein nos oferece uma breve introdução ao exame e significado do ser do ponto de vista de uma antropologia teológica e expõe também a relevância das verdades teológicas para a atividade educativa.

A antropologia teológica oferece uma visão de que, antes de tudo, o ser humano é um ser finito que junto de todas as criaturas finitas não possui a capacidade de compreender-se completamente por si mesmo. A filosofia pode encontrar nos resultados da pesquisa sobre o ser humano uma multiplicidade de verdades essenciais em detrimento de contingências sobre sua estrutura, mas é incapaz de decidir-se por alguma delas. A filosofia é capaz de narrar sua experiência, enquanto um ser lançado na existência, e disso extrair conteúdos essenciais, mas não pode responder sobre a pergunta pelas origens do mundo, do gênero e do indivíduo humano. Ela precisa, no intuito de responder às últimas causas, recorrer ao que Deus desvela aos homens e, portanto, à Revelação. Sobre o conteúdo revelado, Edith Stein cita as seguintes verdades da fé:

---

[163] *Ibid.*, p. 46.
[164] *Ibid.*, p. 46.

> *O homem foi criado por Deus e com o primeiro homem, toda a humanidade, como uma unidade por razão de sua origem e como uma potencial comunidade; cada alma humana individual foi criada por Deus; o homem foi criado à imagem e semelhança de Deus; o homem é livre e responsável por aquilo em que ele se converte; o homem pode e deve fazer que sua vontade esteja em consonância com a vontade de Deus.*[165]

O ser finito, para encontrar a resposta sobre sua própria existência, sobre sua essência, remete-se a um ser primeiro e infinito que é Deus. Sem essa relação com Deus o ser humano torna-se incompreensível. Veremos, em seguida, como Stein concebe essa relação entre o ser finito e o ser eterno em sua última obra filosófica, *Ser Finito y Ser Eterno*.

3.2.1 – A criaturalidade

Para falar sobre a relação entre o ser finito e o ser eterno, para apresentar as condições sob as quais encontram-se – entre todos os seres criados – também o ser humano na relação com o ser infinito de Deus, cabe uma referência ao artigo de Michele D´Ambra sobre a santidade em Edith Stein.[166] Neste último, o autor condensa (de forma bem didática) toda a discussão de Stein sobre a condição da criaturalidade em duas categorias: a temporalidade e o desejo de plenitude. Seguindo-as faz-se necessária uma volta ao *Ser Finito y Ser Eterno*, para compreender de que forma a autora percorre a visão da condição humana submetida à temporalidade e à carência de plenitude.

---

[165] STEIN, Edith. *La Estructura de la Persona Humana*. Madrid: BAC, 2002, pp. 194-195.
[166] D'AMBRA, Michele (Org.). *Edith Stein: lo Spirito e la Santità*. Roma: Edizioni OCD, 2007.

Logo no início do livro comparece uma análise fenomenológica da "vida-do-eu"[167] *submetido à temporalidade*. Trata-se de uma vida que se constrói no interior de um movimento: um fluxo contínuo de experiências vitais pela passagem constante de uma unidade de experiência vital a outra. Nesta vida, Stein faz notar que algo lhe é oferecido originariamente, como o primeiro conhecimento e o mais original, a certeza que se tem sobre o próprio ser e a consequente afirmação do "eu sou". Para Stein, o conhecimento, testemunhado na *vida* de Santo Agostinho, no *eu penso* de Descartes e no *ser consciente* de Husserl, é o retrato de que o *eu vivo* e o *eu existo* são oferecidos ao *eu consciente* de si mesmo de forma imediata. "Essa certeza é o que me está mais próxima, é inseparável de mim e constitui um ponto de partida atrás do qual é impossível ir mais além."[168]

Vale lembrar que a certeza sobre o próprio ser, apesar de ser conferida por Stein como o conhecimento mais original, não é o primeiro conhecimento do ponto de vista temporal, pois, seguindo sua argumentação, *a vida do eu* está normalmente voltada para as coisas do mundo exterior, e a conduta espiritual, que o faz captar a si mesmo e encontrar a si mesmo, tarda a ocorrer.

Considerando que o movimento do espírito ocorra de forma que ele saia da atitude natural e passe a fazer de si mesmo objeto de investigação, provavelmente irá se fazer as seguintes perguntas: "o que é o ser do qual estou consciente? O que é o *eu* consciente desse ser? O que é o movimento espiritual no qual me encontro quando estou consciente de mim e dele?".[169] Ao responder a primeira pergunta, Stein observa que o ser pelo

---

[167] STEIN, Edith. *Ser Finito y Ser Eterno: Ensayo de una Ascensión al Sentido del Ser*. México: Fondo de Cultura Econômica, 1994, p. 52.

[168] *Ibid.*, p. 53.

[169] *Ibid.*, p. 53.

qual me faço consciente revela-se para mim enquanto o ser e o não ser ao mesmo tempo. Isto é, como o ser e o movimento espiritual estão intimamente ligados um ao outro, na medida em que eu tento examiná-lo, ele apresenta-se sempre diferente. O ser de agora já não é o mesmo do instante passado e não será o mesmo no momento seguinte. O ser é vislumbrado como puro devir, como um ser todo atrelado à temporalidade, de forma que o momento presente atual encerra uma possibilidade atual futura e, simultaneamente, pressupõe uma possibilidade anterior.

Diante da captação do espírito sobre si mesmo, mais especificamente no que se refere à fratura existente entre o ser e o não ser que o constitui, desvela-se, segundo Stein, a percepção de um *ser puro*, que não contêm em si nada do não ser. Ela diz:

> *Assim o ser eterno e o ser temporal, o imutável e o mutável, e igualmente o não ser, são ideias que o espírito descobre em si mesmo; não foram apreendidas em outro lugar. No que lhes concerne, uma filosofia que parte do conhecimento natural tem aqui um ponto de partida legítimo. A analogia* entis, *considerada como a relação entre o ser temporal e o ser eterno, manifesta-se já nesse ponto de partida.*[170]

Segue um aprofundamento sobre a questão da temporalidade e sobre os modos do ser enquanto atualidade e potencialidade.

Para Stein, a cisão entre o ser e o não ser apreendida pelo espírito que investiga a si mesmo desvela o momento da atualidade, o ser em seu momento *presente* e *real*, em contrapartida à potencialidade. Esse ser, em sua fase presente e real forma a mais plena realização daquilo que ele continha enquanto pura possibilidade em si mesmo, mas, seguindo a dinâmica do

---

[170] *Ibid.*, p. 54.

devir, cai novamente no esquecimento. Para ilustrar o movimento inerente ao fluxo, Stein serve-se da imagem de algo que sai das *trevas* e por alguns instantes recebe sobre si um *raio de luz*, para em seguida, retornar às *trevas*.[171] O ser atual-real do momento não existe por si mesmo, mas encontra-se atrelado a uma duração temporal que pressupõe passado, presente e futuro indistintamente, assim como ocorre com o movimento da maré.

Ao aplicar essa dinâmica ao ser do *eu*, Stein sublinha que nele a atualidade sempre volta a brilhar, resultando, compreensível também, a forma pela qual o homem realizaria a própria essência por meio da atualização de suas faculdades. A forma pela qual o eu não se mostra inteiramente unificado e pleno em seu estágio atual-real (entende-se esse momento como o ponto de contato com a existência) demonstra também que o ser humano é incapaz de atualizar, de uma só vez, todas as suas potências. Se assim fosse, diz Stein, ele pereceria, pois todas as suas forças se esgotariam. O estágio, no qual o homem é inteiramente realizado, onde ele atualizou toda sua potência, advém somente no estado de Glória, único momento em que lhe é permitido alcançar a plena perfeição de seu ser. O que aparece aqui como uma segunda captação do ser eterno pelo espírito é a *atualidade pura* de Deus em contraste com a marca do devir no ser humano, onde ocorre a atualização permanente de potências no tempo. Deus é ato puro, pois:

---

[171] *Ibid.*, p. 55.

> *Como tudo o que está em potência nele se realiza de fato, assim toda sua essência é eterna, imutável, no nível do ser mais elevado, e seu ser é também sua essência: Deus é o que é; é o nome com que designou a Si mesmo, e este nome, segundo Agostinho, expressa da melhor forma o que Deus é. À unidade perfeita do ser divino se opõe o estado de ruptura e cisão do ser das criaturas. Mas apesar do abismo entre os dois gêneros de ser, existe entre eles algo em comum que nos permite falar do ser nos dois casos.*[172]

Além da temporalidade como característica do ser finito, Michele D´Ambra, em seu artigo, ressalta ainda um segundo aspecto: *o desejo de plenitude*.

A investigação de Stein parte também da pergunta sobre a *vida-do--eu*, mas aqui num sentido diferente, pois embora a análise da temporalidade tenha sido "a via de acesso privilegiada à consciência da própria contingência",[173] ainda assim, um lado do ser finito permanece velado. Trata-se da vontade que tem o *eu* – a despeito de sua contingência e inconsistência – de possuir a si mesmo e de viver uma existência abraçando a plenitude do ser, evidenciando que o desejo de realização do próprio ser, torna-se uma nova via de acesso ao ser Eterno.

Stein identifica que o *eu* puro, o *eu* cuja vida é um fluxo constante de unidades de experiência, necessita de conteúdos para existir. Tais conteúdos, por sua vez, não possuem uma existência própria e chegam à vida, penetram-se e participam da vida do *eu*. A título de exemplo, tanto memória, quanto pensamento ou alegria, são considerados unidades de experiência que exigem cada qual um conteúdo específico para existir e, associado a isso, a participação do *eu* puro que recebe em si a vida provinda desses

---

[172] *Ibid.*, p. 58.
[173] D'AMBRA, Michele. "Edith Stein: Um Cammino Verso la Santità". In: D'AMBRA, Michele (Org.). *Edith Stein: lo Spirito e la Santità*. Roma: Edizioni OCD, 2007, p. 176.

conteúdos. Diante do fenômeno de contínua alternância entre as múltiplas unidades que formam o ser fluido do *eu* – pelo qual, inclusive, ele extrai sua própria vida – é que se permite afirmar sua impotência e debilidade. O *eu* não é capaz de subsistir por ele mesmo. Ele necessita em sua vida transitória e fugaz de conteúdos para viver.

Stein nos apresenta mais um dado sobre a característica de inconsistência da vida-do-eu, qual seja, a incapacidade de responder à pergunta de sua própria origem. O *eu*, ela diz, quando utiliza a memória para encontrar seu começo num passado distante, vê apenas tudo se desvanecer. O *eu* não pode encontrar por si mesmo o seu começo. "Em diferentes momentos de seu ser abre-se um vazio, vem do nada? Caminha para o nada?"[174] Assim, frente ao horror pressentido diante do nada, frente à carência de plenitude e a incapacidade de possuir a si mesmo, frente à impossibilidade de responder à questão da origem e do fim, faz-se crer que o ser finito é um ser posto na existência e conservado nela a cada instante por um ser que certamente não é ele mesmo.

Segundo Michele D´Ambra, o tema da temporalidade está bastante presente na escola fenomenológica, e podemos encontrá-lo tanto em Husserl – "Sobre a consciência interna do tempo" –[175] como também em Conrad-Martius, Heidegger e Edith Stein. Em *Ser Finito e Ser Eterno,* Stein polemiza com Heidegger e "alcança, através da análise da temporalidade, a consciência da criaturalidade do ser humano e a necessidade de admitir a existência de um *Ser eterno* como fundamento do *ser finito* das criaturas".[176] Heidegger descreve de "maneira extraordinária o encontrar-se do ser humano, em uma

---

[174] STEIN, Edith. *Ser Finito y Ser Eterno: Ensayo de una Ascensión al Sentido del Ser*. México: Fondo de Cultura Econômica, 1994, p. 69.

[175] D'AMBRA, Michele. "Edith Stein: Um Cammino verso la Santità". In: D'AMBRA, Michele (Org.). *Edith Stein: lo Spirito e la Santità*. Roma: Edizioni OCD, 2007, p. 176.

[176] *Ibid.*, p. 176.

existência da qual ignora o ponto de origem e da qual não pode esperar uma resposta ao seu desejo de conhecê-la",[177] mas segundo Stein, falha ao eliminar do horizonte de suas considerações justamente esse desejo (pela questão da origem). Um ser lançado na existência pressupõe quem o lançou e a meta para o qual todo ser tende. E, para Stein, essas são considerações fundamentais quando se trata da chave que conduz ao pensamento sobre o próprio criador.

A crítica de Stein a Heidegger estende-se também sobre a noção de angústia como o sentimento vital. Para ela, o fato de sermos sustentados e conservados no ser garante-nos, na maior parte do tempo, um sentimento de calma e segurança, tal como a imagem de uma criança que repousa sobre um braço forte:

> *Ao fato inegável de que meu ser é fugaz e se prolonga de um momento a outro e encontra-se exposto à possibilidade do não ser, lhe corresponde outro fato também inegável e é este: eu, apesar desta fugacidade,* sou *e sou conservado no ser de um instante a outro; enfim, em meu ser fugitivo, eu abraço um ser duradouro.*[178]

O ser duradouro que é sustento e fundamento encontrado no interior do homem, e que lhe permite conhecer o ser eterno, pode ser alcançado também pela via da fé, um *caminho obscuro*[179] que conduz ao "Deus pessoal e próximo, amante e misericordioso".[180] Segundo Pezzella, a via da fé em Edith Stein é um caminho que leva mais adiante que o conhecimento

---

[177] *Ibid.*, p. 177.

[178] STEIN, Edith. *Ser Finito y Ser Eterno: Ensayo de una Ascensión al Sentido del Ser*. México: Fondo de Cultura Econômica, 1994, p. 75.

[179] *Ibid.*, p. 77.

[180] *Ibid.*, p. 77.

filosófico, pois admite um sentimento da existência de Deus – que nada possui de racional – e que impõe seu sentido último na Revelação. Acima está o caminho da visão beatífica, aquilo que Stein considera como o dom maior que Deus pode dar a um espírito criado.[181]

3.2.2 – A liberdade

O problema da liberdade em Edith Stein está em duas de suas obras sobre antropologia filosófico-teológica: em *A estrutura da pessoa humana* e num pequeno, porém denso trabalho da autora traduzido para o italiano sob o nome de "La struttura ontica della persona e la problematica della sua conoscenza".[182]

No primeiro deles, com a análise do *eu* e da formação do *si mesmo* – conforme a reflexão de Antonio Calcagno num capítulo de seu livro dedicado à filosofia de Edith Stein[183] –, o problema da liberdade apresenta-se intimamente ligado ao tema da responsabilidade humana para com a formação do si mesmo e com aquilo que o ser humano deseja se tornar.

---

[181] Para um aprofundamento sobre a questão das três vias do conhecimento divino, sugiro a leitura de Edith Stein, em *Ways to Know God*, no qual ela faz uma análise de alguns textos do corpus-dionysiacum, a fim de demonstrar as três vias possíveis do conhecimento de Deus propostos por Pseudo Dioniso Areopagita. A primeira concepção do Areopagita sobre as vias de acesso a Deus recebe o nome de conhecimento natural de Deus, ou seja, o conhecimento que permite compreender as imagens e palavras da Teologia Simbólica. Há também o conhecimento de Deus através da fé, àquele conhecimento que constitui a base dos teólogos e, por fim, uma terceira forma, que é o conhecimento de Deus através de experiências sobrenaturais. Esta última caracteriza-se por um toque de Deus no mais profundo da alma, e esse toque é realmente experimentado como presença. Para ela, esse é o coração da experiência mística. Também neste texto Stein faz uma profunda investigação sobre os "degraus da teologia", isto é, uma descrição da teologia positiva e negativa até a mais alta delas, a teologia mística. STEIN, Edith. *Knowledge and Faith*. Washington D.C.: ICS publications, 2000.

[182] Este texto de Stein encontra-se numa coletânea de textos organizado por Angela Ales Bello, com tradução direta do alemão de Michele D'Ambra. STEIN, Edith. *Natura Persona Mística: Per Una Ricerca Cristiana Della Verità*. Ed. Angela Ales Bello. 3ª ed. Roma: Città Nuova, 2002.

[183] CALCAGNO, Antonio. *The Philosophy of Edith Stein*. Pennsylvania: Duquesne University Press, 2007.

No segundo texto, Stein parece redimensionar o problema da liberdade humana para estudá-la, conforme diz Michele D´Ambra, nas mais diversas modalidades do agir humano, "caracterizado pela presença de uma alma que vive sua vida em um corpo que a coloca em relação com o mundo externo e através do qual penetra também no espaço da própria interioridade".[184] Tanto a vida natural-espontânea da alma quanto a vida dona de si mesma e a vida na graça são analisadas no interior da dinâmica de uma vida da alma mais ou menos livre.

É preciso voltar aos textos da autora para então compreender como ela desenvolve a problemática da liberdade nas duas perspectivas descritas acima.

Em *A estrutura da pessoa humana,* Edith Stein concebe o ser humano como uma pessoa livre e espiritual, capaz de penetrar nas coisas que a circundam e em sua própria interioridade, e fazer de si uma pessoa responsável por suas ações. Perguntando-se sobre o significado da liberdade, Stein responde que em seu conteúdo está presente uma dupla noção, o *poder* e o *dever,* e o ser humano – na qualidade de ser desperto e espiritual – *pode* e *deve* formar o si mesmo. Por um lado, o ser humano *pode* ou não fazer uso da própria liberdade e nisso consiste o seu livre-arbítrio e, por outro, quando ele opta pelo uso da própria liberdade, então ele *deve* formar a si próprio.

O dever, diferente do poder, já pressupõe uma atuação livre do *eu*; é algo que se assemelha a uma imposição pela qual ele deve se submeter com sua liberdade. Trata-se de um chamado ou apelação interior que o convoca a fazer ou não determinada coisa. E, segundo Calcagno, a liberdade em Stein é entendida justamente como a habilidade que o eu possui para formar o si mesmo ao longo de sua existência.

---

[184] D'AMBRA, Michele. "Edith Stein: Um Cammino verso la Santità". In: D'AMBRA, Michele (Org.). *Edith Stein: lo Spirito e la Santità*. Roma: Edizioni OCD, 2007, p. 181.

Faz-se necessário um esclarecimento sobre uma segunda distinção traçada por Edith Stein e que aborda as duas noções intrinsecamente relacionadas: o *eu* e o *si mesmo*.[185]

Da análise do eu, a autora retoma àquela noção já desenvolvida em trabalhos anteriores, na qual o eu não possui uma localização física no interior da estrutura psicocorpórea e ele não poderia ser identificado nem com o corpo, nem com a alma. O *eu* seria uma instância que habita um corpo que ele possui e domina, podendo separar-se "idealmente dele e contemplá-lo desde fora"[186] sem que isso comprometa os laços que o unem ao próprio corpo. Para Edith Stein "o *eu*, em efeito, não é uma célula do cérebro, senão que tem um sentido espiritual ao qual só podemos aceder na vivência de nós mesmos",[187] e é justamente na vivência que notamos como ele não se traduz na mesma coisa que a alma.

Para ilustrar essa distinção, Stein serve-se de uma vivência em primeira pessoa na qual ocorrem os seguintes fatos: "estou concentrada num problema e eis que ouço um barulho vindo da rua; paralelamente, sinto uma aflição que me deixa intranquila". Refletindo sobre o significado dessa vivência, Stein certifica-se da existência de um eu que está concentrado num problema e que ao ouvir ruídos vindos da rua, deixa-se afetar apenas perifericamente no que diz respeito à sua atenção e concentração. Contrastando com o impacto periférico sobre o eu, a aflição e a inquietação sentidas no mesmo momento são vivências que estão por baixo do que sucede na superfície do eu e estão em outro lugar que não se identifica com ele, um lugar que tem sua origem no fundo da alma. Desse modo, conclui a autora, a alma e o *eu* são coisas diferentes no interior do sujeito, mas seu entrelaçamento é tão

---

[185] CALCAGNO, Antonio. *The Philosophy of Edith Stein*. Pennsylvania: Duquesne University Press, 2007, pp. 84-85.
[186] STEIN, Edith. *La Estructura de la Persona Humana*. Madrid: BAC, 2002, p. 100.
[187] *Ibid.*, p. 101.

profundo que, por meio dele e também da liberdade do ser humano, a personalidade pode ser caracterizada como mais ou menos profunda. Ela diz:

> Não pode haver alma humana sem eu, *posto que a primeira é pessoal por sua estrutura mesma. Mas um eu humano tem que ser também um eu anímico:* não pode haver eu humano sem alma, *isto é, seus atos caracterizam-se em si mesmos por serem superficiais ou profundos, por terem suas raízes a maior ou menor profundidade dentro da alma. Conforme forem os atos no qual o eu vive, ocupará em cada caso uma ou outra posição dentro da alma.*[188]

Já no que diz respeito ao *si mesmo*, Stein afirma que é matéria de formalização pelo *eu*, por sua livre atuação, pode determinar aquilo em que o ser humano se converterá. Aqui reside a diferença específica entre o eu e o si mesmo, que nas palavras de Calcagno, "pode ser entendida em termos de atividade e passividade. O *eu* estampa e marca a estrutura da pessoa".[189] O *eu*, que é também um *eu* anímico, tem a responsabilidade de formar a personalidade e o caráter de acordo com sua localização na alma.

Para Stein, o *eu* tem o seu lugar próprio na alma, e ali, em suas profundezas, é onde ele encontra o lugar de descanso e onde a alma pode abarcar a si mesma. Na configuração do caráter, a localização do *eu* na alma assume um papel fundamental, porque, conforme ressalta Stein, é somente desse centro que o *eu* anímico é capaz de tomar decisões importantes e doar-se para outros. É somente nesse ponto também que a alma pode receber certas coisas que chegam até ela e que, por sua vez, exigem uma resposta que

---

[188] *Ibid.*, p. 103.

[189] CALCAGNO, Antonio. *The Philosophy of Edith Stein*. Pennsylvania: Duquesne University Press, 2007, p. 85.

brote dessa mesma profundidade. Pessoas que não têm acesso à interioridade, certamente serão incapazes de acolher e responder a certos eventos. Tudo o que concerne ao si mesmo, tal como o desenvolvimento do corpo, da sensibilidade e da capacidade espiritual, está nas mãos do *eu* e do uso que ele fará da liberdade que lhe é concedida. Por isso, diz Stein: "quando a alma não consegue alcançar a plenitude de seu ser e de seu desenvolvimento, é culpa da pessoa".[190] Daí a implicação da liberdade humana em responsabilidade.

No segundo texto, acima indicado, Stein trabalha a questão da liberdade de uma forma um pouco diferente, pois concentra a análise na vida da alma, onde encontra três níveis de liberdade: a vida não liberta da alma animal, a vida dona de si mesma e a vida da alma quando elevada pela *Graça*.

A primeira delas é narrada pela autora como a alma em seu estágio animal, uma vida legada à atividade natural e espontânea da alma, na qual prevalece a contínua alternância de impressões e reações. Esse estágio da alma é classificado como não livre, um estágio marcado pela passividade, pois nele a alma não impõe resistências ou faz frente ao que lhe chega desde o mundo externo: ela está totalmente submetida ao jogo instintivo das reações a impressões externas e não consegue possuir a si mesma. A essa forma de vida, Stein contrapõe outra, denominada por ela como a vida dona de si mesma, uma etapa intermediária entre a alma em seu estágio animal e a alma plenamente livre vivificada pela *Graça*.

Para Stein, a vida dona de si mesma é "um nível de existência que pode ser qualificado como pessoal",[191] pois em contraste com a vida psíquica animal, a alma nesse estágio vem iluminada pela luz da consciência racional.[192] É representada como uma alma que durante a existência pode

---

[190] STEIN, Edith. *La Estructura de la Persona Humana*. Madrid: BAC, 2002, p. 104.

[191] D'AMBRA, Michele. "Edith Stein: Um Cammino verso la Santità". In: D'AMBRA, Michele (Org.). *Edith Stein: lo Spirito e la Santità*. Roma: Edizioni OCD, 2007, p. 184.

[192] *Ibid*., p. 184.

servir-se de um centro pessoal no qual habita o *eu* e possuir a si própria, de forma que seja subtraída do mecanismo natural.

A presença do núcleo pessoal é o meio pelo qual o sujeito psíquico tem a possibilidade de alçar a condição de pessoa livre, uma pessoa capaz não apenas de escolher entre possibilidades, mas de assumir as rédeas de si mesma e assumir posições autênticas frente ao que vem de fora.[193] Aqui novamente a relação entre o poder e o dever, visto que a liberdade é sempre uma possibilidade dada, mas nem sempre autenticamente realizada.

O ser humano pode escolher entre possibilidades e essa condição é inata, mas a mera realização da escolha ainda não configura, para Stein, a pessoa livre. O dever, em contrapartida ao poder, estaria mais próximo do que ela entende por liberdade. Em seu artigo sobre a santidade em Edith Stein, Michele D´Ambra ilumina a forma mediana de liberdade, invocando a distinção entre livre-arbítrio e liberdade presente na obra de Santo Agostinho. Ela declara que, segundo Agostinho:

> *O livre-arbítrio é um dom que Deus gratuitamente concedeu ao homem no ato da criação, dom em si incorruptível, enquanto a liberdade é o uso bom e eficaz disso, tornado possível pela intervenção da* Graça.[194]

Cabe também ressaltar com Antonio Calcagno, que a liberdade humana para Stein, sem a presença da *Graça*, nunca poderia ser entendida como algo absoluto, pois o ser humano é concebido ontologicamente como um ser limitado, finito, e suas ações nunca serão plenamente livres.[195] A vida, dona

---

[193] STEIN, Edith. *Natura Persona Mística: Per Una Ricerca Cristiana Della Verità*. Ed. Angela Ales Bello. 3ª ed. Roma: Città Nuova, 2002, p. 56.

[194] D'AMBRA, Michele. "Edith Stein: Um Cammino verso la Santità." In: D'AMBRA, Michele (Org.). *Edith Stein: lo Spirito e la Santità*. Roma: Edizioni OCD, 2007, p. 185.

[195] CALCAGNO, Antonio. *The Philosophy of Edith Stein*. Pennsylvania: Duquesne University Press, 2007, p. 90.

de si mesma, se traduz numa espécie de liberdade moderada, uma liberdade que contém dentro dela tanto a possibilidade de uma existência real como o uso negativo que se possa fazer dela. Vale notar que a liberdade propriamente dita já pressupõe uma intervenção da *Graça* e, portanto, uma vontade que já vai, paulatinamente, conformando-se com a vontade divina.

Para Edith Stein, na vida dona de si mesma a questão da escolha se dá de duas maneiras: como escolha arbitrária ou criteriosa. A primeira identifica-se com a escolha sem razão, ou seja, sem a luz do conhecimento. Trata-se de um uso mínimo da liberdade, uma entrega ao mecanismo reativo-espontâneo da vida natural da alma e que expõe a pessoa ao risco do irracionalismo. A alma humana, deixando-se levar ora por uma coisa, ora por outra, sem decidir-se por nenhuma delas, gera uma espécie de caos psíquico, que pode aprofundar-se até um estágio inferior àquele da alma em seu estágio animal.[196] A escolha criteriosa se dá como um contraponto da escolha arbitrária e acena a possibilidade de um bom uso da própria liberdade. Nas palavras de Stein:

> *A vida psíquica da pessoa que escolhe entre possibilidades naturais segundo critérios estáveis, aparece novamente como um cosmo, cujas leis não são mais cegamente seguidas, mas livremente escolhidas e conscientemente atuadas. Por isso não é necessário que a pessoa ultrapasse – materialmente – sua esfera psíquica natural (coisa da qual ela, como dona de si mesma, não seria de maneira nenhuma capaz). Ocorre somente que essa utilize a própria liberdade para conhecer a si mesma – isto é a estrutura da própria vida psíquica e as leis que a governam.[197]*

---

[196] STEIN, Edith. *Natura Persona Mística: Per Una Ricerca Cristiana Della Verità*. Ed. Angela Ales Bello. 3ª ed. Roma: Città Nuova, 2002, p. 56.

[197] *Ibid.*, p. 57.

O conhecimento da própria vida psíquica é ao mesmo tempo o conhecimento das leis que a governam, e esse fato implica necessariamente em liberdade, por isso, numa possibilidade de controle das reações. É assim que a pessoa pode e deve formar seu próprio caráter, por meio de uma "autodeterminação" e uma "autoeducação"[198] do si mesmo, até o ponto em que a alma seja elevada acima da vida meramente animal. A vida da alma nessas condições vem acompanhada, conforme a expressão de Stein, pela "luz do conhecimento".[199] Não se trata de uma aposta livre no intelecto humano, visto que este também é passível de erros e pode expor a pessoa – por conta de seu lado indefeso – a um estado de irracionalidade. O verdadeiro conhecimento alcançado pelo intelecto pode facilmente deixar-se trair pela própria vida psíquica e conduzir o ser humano a um estágio inferior ao da vida animal.

Conforme a leitura de Michele D'Ambra sobre o assunto, o elogio que Stein faz à razão não se dirige à pretensão de autonomia – tal como faz a filosofia moderna e contemporânea ao "pensar a liberdade como autonomia realizada por meio da exaltação de uma racionalidade normativa e autolegisladora"[200] –, mas pelo reconhecimento de uma legalidade que opera no ser humano e que conduz *Àquele* que a criou junto com toda a realidade.[201]

A liberdade da pessoa dona de si mesma é uma liberdade que pode se esvair a qualquer momento, seja pela arbitrariedade das escolhas, seja pela escolha racional. Stein diz que a vida da alma, que pretende tornar-se realmente livre, precisa ligar-se a um outro reino que a preencha de conteúdo. A alma seria guiada não mais pelo mundo externo, mas pelo alto. E pelo alto significa, ao mesmo tempo, ser guiada pelo mais interno, "para

---

[198] *Ibid.* p. 56.

[199] *Ibid.*, p. 58.

[200] D'AMBRA, Michele. "Edith Stein: Um Cammino verso la Santità". In: D'AMBRA, Michele (Org.). *Edith Stein: lo Spirito e la Santità*. Roma: Edizioni OCD, 2007, p. 187.

[201] *Ibid.*, p. 188.

a alma ser iniciada no reino dos céus significa ser implantada totalmente em si mesma"[202] e, assim, tornar-se livre dos mecanismos naturais.

O reino das alturas é um reino *espiritual* para o qual a alma volta-se livremente em busca de plenitude e energia para superar a própria natureza.

O reino espiritual tem aqui um duplo significado: no primeiro sentido designa esfera espiritual ou reino da *Graça*; no segundo, uma pessoa espiritual como os anjos, por exemplo. Voltar-se para um espírito também possui essa duplicidade: a pessoa pode se ligar a uma esfera espiritual e deixar-se preencher por esta e, simultaneamente, submeter-se à pessoa que é o centro desse reino espiritual.[203] Porém, adverte Stein, a abertura espiritual que confere à alma humana uma possibilidade de viver na *Graça*, também confere os perigos de viver sob o domínio de uma esfera maligna. Tratando-se de uma esfera do mal, a alma – mediante a entrega e submissão ao senhor desse reino – é possuída e não mais age conforme sua própria interioridade: encontra-se num estágio inferior ao do estágio animal, pois nela nada mais é conservado de si mesma. Seu estado é ilustrado pelo *Fausto* de Goethe,[204] que em troca de poder, vive na mais absoluta escravidão.

Ao contrário desse estado, "a alma pode encontrar a si mesma e sua paz somente em um reino no qual o senhor a busca não por amor próprio, mas por amor a ela"[205] e esse é o reino dos céus. Por ele, a alma é imersa na paz, na tranquilidade e na plenitude. Suas qualidades naturais, inclusive aquelas que pertencem à razão natural são purificadas e, no lugar do ódio ou do desejo de vingança, nela manifestam-se o amor, a misericórdia, o perdão, a beatitude e a paz.[206]

---

[202] STEIN, Edith. *Natura Persona Mística: Per Una Ricerca Cristiana Della Verità*. Ed. Angela Ales Bello. 3ª ed. Roma: Città Nuova, 2002, p. 53.

[203] *Ibid.* p. 59.

[204] *Ibid.* p. 60.

[205] *Ibid.*, p. 61.

[206] *Ibid.*, p. 67.

A abertura espiritual da alma concede tanto a possibilidade da vida na *Graça* quanto a possibilidade da experiência do mal e, nesse sentido, nos encontramos diante do problema entre a liberdade e a *Graça*. A alma humana precisa abrir-se espiritualmente para a relação com o sobrenatural para deixar-se preencher e alcançar uma vida livre dos mecanismos naturais; é necessário, também, o movimento da *Graça* até ela, para que assim a alma possa encontrá-la. Stein narra essa situação no seguinte trecho: "também a *Graça*, para poder ser livremente aferrada na alma, deve já agir nela e deve, para poder ser ativa, já encontrar uma morada nela".[207] Segue uma discussão sobre a relação entre liberdade e *Graça* na obra da salvação humana.

Do ponto de vista da liberdade, três casos ilustram as situações em que o homem moderno coloca-se na busca pela salvação de si mesmo, sem a ajuda da *Graça*. O primeiro caso retrata o homem que, para dominar a si mesmo diante das apelações do mundo, inicia uma ascese suspendendo as próprias reações naturais. "A alma pode entrar em si mesma somente se não age diretamente por si mesma,"[208] e todo trabalho de esvaziamento de si recai numa mera atividade negativa em que a "mortificação conduz à morte".[209]

Na segunda situação, ela narra a condição de um homem que, buscando a si mesmo, contrapõe ao mundo a própria singularidade, sem que isso implique numa suspensão dos mecanismos naturais de impressões e reações. Nesse caso, o que está em jogo é uma espécie de "visão anárquica da liberdade",[210] na qual o principal objetivo não é a razoabilidade de uma

---

[207] *Ibid.*, p. 67.
[208] *Ibid.* p. 68.
[209] *Ibid.*, p. 69.
[210] D'AMBRA, Michele. "Edith Stein: Um Cammino verso la Santità". In: D'AMBRA, Michele (Org.). *Edith Stein: lo Spirito e la Santità*. Roma: Edizioni OCD, 2007, p. 193.

ação, mas apenas uma ação que se diferencie de outras e que reafirme uma maneira peculiar de existência. Para Stein, a pretensão de originalidade pode ser muito ilusória, visto que no ser humano é muito difícil separar as reações absolutamente individuais e autênticas daquilo que brota na individualidade como derivação do espírito do ambiente.

No terceiro caso, Stein descreve o homem que, buscando a si mesmo, deseja obter a *Graça* sem que ele tenha sido tocado por ela. Ele não foi tocado, mas é consciente que o estado de *Graça* o preencheria com um estado de paz. Então, pergunta-se a autora (no caso desse homem), como pode ao mesmo tempo haver um cuidado de si e um afastamento de si? A *Graça* para ser alcançada exige um abandono incondicional e o cuidado de si não é o caminho para a salvação.

Stein polemiza com Heidegger sobre o cuidado de si. Ela contraria a ideia de que o cuidado de si deveria ter o sentido do *cuidado por* algo, *por* um objeto de interesse próprio.

Ao refutar essa ideia, ela apresenta o cuidado no sentido da angústia; angústia que não é suscitada por isso ou aquilo, mas por uma consciência do pecado. A angústia de que fala Stein é a angústia metafísica, o estado de alma do pecador que toma consciência de seu estado pecaminoso pelo contato com a santidade e a graça. É a angústia que pode impelir o ser humano ao encontro com a *Graça*, abandonando-se nela por inteiro em busca de salvação e configurando o "ato mais livre da liberdade".[211] Esse abandono corresponde a uma atividade passiva, mas difere da passividade encontrada no reino da natureza, pois vem guiada pelo alto.[212]

---

[211] STEIN, Edith. *Natura Persona Mística: Per Una Ricerca Cristiana Della Verità*. Ed. Angela Ales Bello. 3ª ed. Roma: Città Nuova, 2002, p. 72.

[212] A angústia da qual fala Stein pode se aproximar, segundo Michele D'Ambra, da angústia descrita por Kierkgaard. Na introdução do texto, Ales Bello nos oferece uma informação sobre um diálogo dela com D'Ambra: "Durante uma discussão sobre a interpretação desta passagem, D'Ambra expressou também uma impressão que ela teve segundo a qual a angústia aqui proposta por Stein

Nas palavras de Stein, "a descida da *Graça* na alma humana é um ato livre do amor divino, e não existem limites para sua extensão".[213] O espírito de Deus que se manifesta na alma provoca mudanças radicais nela, sejam nas operações da razão natural, sejam nos mecanismos reativos naturais, mas ressalta Stein que tudo ocorre sem que a individualidade do sujeito seja destruída. A alma acolhe o dom da graça conforme sua própria individualidade e daí resulta a defesa de Stein sobre o valor atribuído à singularidade inviolável da pessoa humana. Segundo Michele D´Ambra, "para Stein é essencial salvaguardar o valor da individualidade da pessoa, sobretudo na análise da relação livre que o Criador instaura com a sua criatura".[214] Edith Stein não descarta como possibilidade real a escolha humana de se fechar para a *Graça* e viver fora dela, mas, frente a esse drama, ela questiona-se: "poderia em meio a obra salvífica, a vontade divina deter-se diante da liberdade humana?". E sua resposta encontra eco nas palavras de Michele D´Ambra sobre o tema:

> *A onipotência de Deus, a qual parece deter-se diante do valor singular da pessoa, se manifesta propriamente em ter conferido a ela uma liberdade finita, mas real, capaz de uma verdadeira oposição ao Seu querer.*[215]

A liberdade para Stein, sendo a condição que possibilita a relação entre o homem e Deus, é também uma relação dramática, na qual:

---

recorda aquela à qual se referia Kierkgaard. Isso, mesmo não sendo documentável, pode ser sustentado dada a profundidade da indagação sobre a dimensão existencial-religiosa a qual alcança a nossa autora; ela analisa com grande astúcia o interior da descrição do ser humano, a origem do pecado e da santidade". STEIN, Edith. *Natura Persona Mística: Per Una Ricerca Cristiana Della Verità*. Ed. Angela Ales Bello. 3ª ed. Roma: Città Nuova, 2002, p. 18.

[213] STEIN, Edith. *Natura Persona Mística: Per Una Ricerca Cristiana Della Verità*. Ed. Angela Ales Bello. 3ª ed. Roma: Città Nuova, 2002, p. 75.

[214] D'AMBRA, Michele. "Edith Stein: Um Cammino verso la Santità". In: D'AMBRA, Michele (Org.). *Edith Stein: lo Spirito e la Santità*. Roma: Edizioni OCD, 2007, pp. 190-191.

[215] *Ibid.*, p. 191.

> *A pessoa humana e aquela divina juntam-se como atores de um drama no qual a primeira é colocada no ser e preenchida de bem pela segunda que, em razão do amor infinito que nutre por essa, está disposta a colher também a recusa e a oposição, como um pai com o filho que está se tornando homem.*[216]

Podemos afirmar que a discussão sobre a liberdade feita por Edith Stein abarca duas perspectivas que terminam por se entrelaçar no horizonte, porque a consideração sobre o tema esbarra tanto no esforço ativo da criatura para tornar-se livre e participar do plano divino da salvação, quanto a iniciativa livre e bondosa de Deus que, por amor à criatura, pode elevá-la acima de sua natureza e conceder-lhe a plenitude procurada.

Stein aprofunda a investigação e propõe que apenas o esforço ativo da pessoa – meramente preocupada consigo mesma – não basta, mas é preciso, ao contrário disso, um abandono completo nos braços da *Graça*. Abandono que advém de uma consciência angustiante da própria criaturalidade e da condição de ser pecador. Paradoxalmente, ressalta Stein, é o contato com a *Graça* e a santidade que consciência e angústia são reveladas ao ser humano junto com a possibilidade de salvação.

É o contato com Deus que revela a grandeza humana, mas também sua miséria e os abismos de sua alma. Stein apresenta-nos uma visão em que a liberdade encontra seus limites no problema do mal e na possibilidade de redenção do ser humano pelo contato com a graça e a santidade.

3.2.3 – O mal

Segundo Michele D'Ambra, o tema do mal na filosofia de Edith Stein representa o problema do limite inerente à criaturalidade, visto que o

---

[216] *Ibid.* p. 191.

ser humano dispõe de uma liberdade limitada e, assim, está constantemente ameaçado pela experiência do mal, nulificante e destrutiva.[217]

Em *A estrutura ôntica da pessoa,* a autora trabalha a questão, não apenas do ponto de vista teológico ou metafísico, mas sob uma perspectiva contrária, que tende a acenar para sua manifestação concreta. Ales Bello nos fala:

> *Segundo o andamento analítico que caracteriza cada reflexão de Stein, também nesse ponto não se trata de pressupor a existência do reino do bem e daquele do mal, tal como são designados por uma tradição ético-religiosa, mas de mostrar que algumas atitudes e algumas tomadas de posição do ser humano constatáveis cotidianamente não encontram uma justificação sem o consentimento de dimensões não naturais.[218]*

A investigação feita por Stein parte da tentativa de justificar a presença concreta do mal no ser humano, levando em consideração a distinção existente entre a alma e o espírito.

Para ela, a alma é o espaço da interioridade na qual comparece uma esfera psíquica ligada à corporeidade e outra instância espiritual, pela qual manifesta-se a liberdade. Essa distinção representa, segundo Stein, a possibilidade que a alma humana possui de elevar-se por meio de sua liberdade ou degradar-se por meio da parte mais suscetível aos estímulos naturais. Para elevar-se, tanto a razão natural como a vida natural da alma precisam ser purificadas e renascidas pelo espírito da luz que a preenche de conteúdo espiritual e que, por sua vez, pode ser acolhido somente pelo

---

[217] *Ibid.*, p. 202.
[218] STEIN, Edith. *Natura Persona Mística: Per Una Ricerca Cristiana Della Verità*. Ed. Angela Ales Bello. 3ª ed. Roma: Città Nuova, 2002, p. 17.

centro espiritual da alma, também seu centro mais profundo. É nesse centro que a alma pode entrar em contato com o bem e com o mal.[219]

Stein pergunta-se como se dá a ação do mal nas criaturas, e sua resposta encontra lugar numa explicação sobre a experiência humana de cair em tentação. Para ela, "o mal não poderia tocar os seres humanos se não houvesse neles uma morada originária".[220] É por essa razão que o ser humano cede à tentação, pois quem é totalmente preenchido por Deus não se abre, nem é tocado por ela e, do contrário, quem é totalmente mau não se opõe a ela, o que nos leva a pensar que sua concepção da natureza humana reporta-se a uma natureza decaída, habitada pelo bem e pelo mal.

É preciso levar em conta que, quando Stein afirma a presença originária do mal na alma humana, não significa que o mal seja "um fenômeno originário da existência humana",[221] nem que a alma em si tenha sua morada no reino do mal. Ela é originalmente boa, mas pode com o uso de sua liberdade voltar-se para esse reino e tornar-se escrava do seu senhor, contudo, isso trata-se de uma "perversão da vontade do criado",[222] não de sua natureza essencial.

Stein afirma que quando a alma cai em tentação – por um ato livre –, ela consente sua participação no mal e esse acontecimento manifesta-se em suas ações e sentimentos. É natural no ser humano – mesmo diante das oscilações e maneiras subjetivas – amar aquilo que é digno de amor e odiar aquilo que é passível de ódio, porém, quando o ódio é dirigido ao que é digno de amor, então isso não é mais *natural*, mas *diabólico*. O ódio é a manifestação

---

[219] *Ibid.*, pp. 16-17.

[220] *Ibid.*, p. 63.

[221] D'AMBRA, Michele. "Edith Stein: Um Cammino verso la Santità". In: D'AMBRA, Michele (Org.). *Edith Stein: lo Spirito e la Santità*. Roma: Edizioni OCD, 2007, p. 203.

[222] STEIN, Edith. *Ser Finito y Ser Eterno: Ensayo de una Ascensión al Sentido del Ser*. México: Fondo de Cultura Econômica, 1994, p. 419.

mais concreta do mal e "o específico ato espiritual pelo qual o mal emana sua essência material e deve fazê-lo necessariamente".[223] Com uma descrição fenomenológica sobre a dinâmica do mal em seu específico modo de agir, ela completa:

> *O mal é uma chama que consome. Se permanecer em si mesmo, deve consumir-se. Por isso deve, eternamente e inquietantemente, desejar sair de si, buscar um lugar para dominar no qual possa estabelecer-se e carregar para fora de si tudo isso que está agarrado a ele e à sua particular inquietação.*[224]

A discussão sobre o mal está também em *Ser Finito y Ser Eterno*, ainda que de forma mais dispersa.

Nessa obra, Stein retoma a discussão do mal, só que, dessa vez, com um esclarecimento sobre a doutrina dos teólogos cristãos. Segundo ela, tanto nos escritos do Areopagita,[225] como no pensamento de São Tomás, existe uma crença de que todo ente enquanto ente é bom e que o mal é, portanto, uma ausência de ser. Até os espíritos malignos são considerados essencialmente bons na medida em que conservam sua essência, e maus na medida em que fazem um mau uso de suas capacidades.[226]

Essa doutrina, nota Edith Stein, constituiu-se no interior de uma luta contra duas das principais concepções que atribuíam a Deus a autoria do mal. A primeira delas é o dualismo maniqueu, "que admite duas causas

---

[223] STEIN, Edith. *Natura Persona Mística: Per Una Ricerca Cristiana Della Verità*. Ed. Angela Ales Bello. 3ª ed. Roma: Città Nuova, 2002, p. 66.

[224] Ibid., p. 66.

[225] Areopagita é o autor do corpos *dionysiacum*, uma série de textos encontrados no final do quinto século sob o nome de Dionísio.

[226] STEIN, Edith. *Ser Finito y Ser Eterno: Ensayo de una Ascensión al Sentido del Ser*. México: Fondo de Cultura Econômica, 1994, p. 417.

primeiras autônomas na origem de todo ente: um bem primordial e um mal primordial";[227] a segunda concepção admite uma única causa que é Deus, autor de todo o ente e, enquanto tal, também o suposto autor do mal. Ao dizer que todo ente é bom e que o mal é a ausência de ser – o que significa dizer que o mal não constitui nenhuma forma de ser –, então se faz possível escapar a essas duas concepções.

Porém, segundo Stein, mesmo diante desses esclarecimentos, permanece nebulosa a diferença que há entre uma falha natural e o mal propriamente dito. A falha natural, por exemplo, de um entendimento debilitado, não pode ser a mesma coisa que o mau uso que se faz de um entendimento originariamente bom. O mal não é a falha natural, mas a perversão da vontade livre que leva a uma contrariedade da vontade divina. O rebelar-se contra a vontade divina é, segundo Stein, o mal primordial que se exemplifica na "adesão dos primeiros homens à palavra da serpente tentadora"[228] e implica numa aceitação ou recusa da criatura com relação à sua própria natureza, frente a frente ao Criador.

Da mesma forma que o ser humano, "o diabo não tem uma natureza defeituosa, mas perverteu sua natureza boa até o mal pelo uso *contra natura* que fez dela",[229] por sua resistência em aceitar a diferença que há entre o seu próprio ser e o ser divino. Não se trata de um erro ou ignorância, mas de "uma tentativa de aniquilar a verdade".[230] Lúcifer reconhece a verdade, mas não quer admiti-la e, assim, torna-se o pai da mentira.

Paira sobre essa discussão o reconhecimento do mal como um ente que não é original, pois não possui ser e, de outro lado, o problema da liberdade humana que, com sua capacidade de escolha, é a condição de possibilidade do mal e da *Graça*.

---

[227] *Ibid.*, p. 417.
[228] *Ibid.*, p. 415.
[229] *Ibid.*, p. 418.
[230] *Ibid.*, p. 416.

Em seguida, Stein dá início a uma investigação sobre a possibilidade de redenção do ser humano, não somente de um contato imediato com a *Graça*, mas também por meio da salvação que se estende a todos os homens pela figura do mediador.

3.3 – O CAMINHO PARA A REDENÇÃO: A MISSÃO DO SANTO

Em *A estrutura ôntica da pessoa*, Edith Stein apresenta uma dupla possibilidade de salvação do ser humano frente ao fenômeno do mal e frente à natureza corrompida pelo pecado.

Ela narra a salvação e purificação da alma pelo contato com a *Graça* e, simultaneamente, a ação da *Graça* na alma humana. Num segundo momento, ela acena para uma alternativa que envolve a atividade livre de um mediador. Assim, o caminho para a redenção é um caminho individual, mas também uma obra de um por todos e todos por um, na qual o ser humano – com sua liberdade como o "instrumento da *Graça* divina"[231] – converte-se num ser autêntico e verdadeiro, responsável pela sua própria salvação, bem como um colaborador da obra de redenção de todos os seus semelhantes.

A discussão sobre a redenção em Edith Stein está imediatamente vinculada à problemática da mística – a ascese pela qual a alma vai sendo introduzida nos mistérios de Deus – e, por outro lado, ligada à santidade – momento em que a alma se conforma à vontade divina e torna-se instrumento de sua vontade no mundo.

Ela discorre, então, sobre o papel do santo enquanto o mediador e colaborador da obra salvífica.

---

[231] STEIN, Edith. *Natura Persona Mistica: Per Una Ricerca Cristiana Della Verità*. Ed. Angela Ales Bello. 3ª ed. Roma: Città Nuova, 2002, p. 75.

Para Michele D'Ambra, o santo é "a pessoa eleita por Deus para desenvolver uma missão"[232] e essa eleição depende unicamente da liberdade daquele que a elege. Do ponto de vista dos critérios aos quais ele submete a sua santidade, está principalmente a sua capacidade de adesão, docilidade e disponibilidade frente à vontade divina,[233] características que constituem os atributos da alma preenchida pela luz de Deus. Conforme nota a autora, a luz que dele emana pode irradiar e atrair os que estão à sua volta para o caminho da salvação, num tipo de conduta que ocorre sem a participação da liberdade do mediador.

> *A santidade torna-se evidente só para aqueles cujos olhos já estão abertos e os conduzem à imitação. Quem o imita submete-se ao espírito da luz... Sobre a via da imitação ele deve, então, ser conduzido a Deus, porque isso que é central na vida de seu modelo – de onde tudo nasce – é um permanente orientar-se para a fonte da luz.*[234]

Stein aponta para um caminho no qual há o concurso da liberdade do mediador. Trata-se de um comportamento em que o mediador pode, com o ensinamento e atos de comunicação, suscitar no outro o conhecimento "da bondade da vida vivida na obediência à vontade de Deus"[235] e, assim, despertar no outro o desejo e consequente tomada de decisão livre pelo caminho da salvação. "Se o mediador deixa-se unir à benevolência da

---

[232] D'AMBRA, Michele. "Edith Stein: Um Cammino verso la Santità". In: D'AMBRA, Michele (Org.). *Edith Stein: lo Spirito e la Santità*. Roma: Edizioni OCD, 2007, p. 169.

[233] *Ibid.*, p. 170.

[234] STEIN, Edith. *Natura Persona Mística: Per Una Ricerca Cristiana Della Verità*. Ed. Angela Ales Bello. 3ª ed. Roma: Città Nuova, 2002, p. 76.

[235] D'AMBRA, Michele. "Edith Stein: Um Cammino verso la Santità". In: D'AMBRA, Michele (Org.). *Edith Stein: lo Spirito e la Santità*. Roma: Edizioni OCD, 2007, pp. 207-208.

vontade alheia, ele estabelece um nexo imediato entre a alma desejosa de salvação e a *Graça*."[236]

O santo pode fazer também um apelo à liberdade de Deus mediante a oração para que conceda a outros a Sua *Graça*. A oração para Stein é um caminho verdadeiro, pois está fundada num ato livre pelo qual o homem, por amor a Deus e por amor ao outro, suplica pela salvação de seus semelhantes. É por essa razão que a salvação estende-se a todos e que todos são responsáveis pela salvação de seus semelhantes; noção sobre a qual repousa o fundamento da Igreja: uma responsabilidade mútua, uma "comunidade de destino"[237] entre os homens. "Que a liberdade divina, ao acolher uma oração, submeta-se, de qualquer maneira, à vontade dos Seus eleitos, é a realidade mais estupenda da vida religiosa"[238] e a razão disso excede a toda capacidade de compreensão.

Ao aprofundar a relação entre a salvação do indivíduo por um outro – relação que remete ao tema do indivíduo e a comunidade –, Stein alcança o conceito jurídico de substituição.[239] Parte ela da premissa de que aquele que comete o pecado deve assumir uma pena que será decretada por um juiz, para que possa extirpar a culpa. Stein admite que na realização do esquema de culpa e punição pode haver uma substituição.

---

[236] STEIN, Edith. *Natura Persona Mística: Per Una Ricerca Cristiana Della Verità*. Ed. Angela Ales Bello. 3ª ed. Roma: Città Nuova, 2002, pp. 76-77.

[237] D'AMBRA, Michele. "Edith Stein: Um Cammino verso la Santità". In: D'AMBRA, Michele (Org.). *Edith Stein: lo Spirito e la Santità*. Roma: Edizioni OCD, 2007, p. 208.

[238] STEIN, Edith. *Natura Persona Mística: Per Una Ricerca Cristiana Della Verità*. Ed. Angela Ales Bello. 3ª ed. Roma: Città Nuova, 2002, p. 77.

[239] Na introdução do texto, Ales Bello afirma que Stein, nesse momento, faz referência à análise feita por Adolf Reinach sobre o direito puro. Reinach foi o primeiro discípulo de Husserl que aplicou o método fenomenológico para investigar as questões do âmbito jurídico e também foi o autor que deu início à corrente realista da fenomenologia. Ela diz: "está na base desta reflexão teológica, a teoria dos atos sociais, estudada por Adolf Reinach e retomada no mesmo texto por E. Stein – representa o fio condutor para compreender a função de Cristo como redentor e salvador. Trata-se da análise, já conduzida por Reinach, sobre o direito puro que pode justificar a função de substituto voltado ao Cristo". STEIN, Edith. *Natura Persona Mística: Per Una Ricerca Cristiana Della Verità*. Ed. Angela Ales Bello. 3ª ed. Roma: Città Nuova, 2002, p. 19.

Pelo fato de ser um ato imposto ao indivíduo e, sendo imposto, não configura uma ação livre, a pena não é dada à substituição. A substituição pode ocorrer somente na medida em que alguém assume voluntariamente o sofrimento pela punição do outro. Para Stein, é imprescindível que o substituto se declare disposto a assumir livremente o sofrimento do culpado e aguardar pela decisão do juiz que, tratando-se de um juiz divino, pode retirar ou infligir a culpa, bem como aceitar ou não o substituto.

No interior dessa dinâmica encontra-se ainda outra que envolve a relação entre o mérito e a recompensa. Aquele que acumula méritos diante de Deus, por meio de boas ações, receberá sua recompensa que é a *Graça*, da qual poderá dispor inclusive para outras pessoas. São dignas de mérito somente as atitudes que não visam o próprio mérito,[240] conforme mostra a vida dos santos que agem guiados pelo amor sem colocar no centro de suas ações a sua própria recompensa. E quando Stein escreve sobre a salvação, o faz pensando não somente no exemplo dos homens santificados, mas apelando também para o homem ordinário e pecador.

> *Também o mais pobre e o mais prostrado pelo peso do pecado pode e tem o direito de apresentar-se diante de Deus e orar por um outro. Primeiro de tudo porque o Senhor não é só justo, mas também misericordioso.*[241]

A substituição encontra seu fundamento último no sacrifício de Cristo pela humanidade, Cristo Redentor e Salvador, "o único substituto de *todos* diante de Deus e o verdadeiro *líder da comunidade*".[242] O homem é chamado a ser o redentor de todas as coisas, inclusive dos animais e dos seres inanimados.

---

[240] STEIN, Edith. *Natura Persona Mística: Per Una Ricerca Cristiana Della Verità*. Ed. Angela Ales Bello. 3ª ed. Roma: Città Nuova, 2002, p. 83.
[241] *Ibid.*, p. 83.
[242] *Ibid.* p. 79.

É preciso levar em conta que os animais, em sua condição não liberta, são incapazes por si só de encontrar o estado da *Graça*. Edith Stein descreve a natureza animal como detentora de uma alma angustiada e inquieta, constantemente disposta a sair de si mesma para refugiar-se num estado de segurança e paz: o animal não possui a consciência de seu estado nem consegue entender aquilo que falta, e sua salvação deve vir de fora.

O homem, na medida em que é salvo e imerso no amor divino, mostra-se capaz de entender a linguagem do animal e submetê-lo à obediência. Ele pode "abraçar afetuosamente a alma cheia de angústia"[243] e transmitir-lhe a paz e o conforto de sua alma pacífica e santificada. Da mesma forma que ocorre com os animais, o ser humano é convocado a ser o mediador das coisas inanimadas, que embora livres da angústia metafísica, não podem conservar a si mesmas. Segundo Stein, "elas não podem ativamente se manter fiel ao projeto segundo o qual foi criada, e a livre encarnação deve ser a ela assegurada do externo".[244]

Dentre a visão sobre os caminhos para a redenção, encontra-se também a atividade divina do educador. Tema discutido por Stein no interior de seu pensamento pedagógico-antropológico, mais precisamente quando dedica-se a pensar nas consequências pedagógicas de uma filosofia cristã.

3.4 – AS CONSEQUÊNCIAS PEDAGÓGICAS DE UMA ANTROPOLOGIA CRISTÃ: A MISSÃO DO EDUCADOR

A reflexão de Stein sobre o ser humano parte de uma exigência pedagógica, tanto no que diz respeito à filosofia da educação, como no que

---

[243] *Ibid.*, p. 84.
[244] *Ibid.*, p. 86.

se relaciona com a própria práxis educativa. A exigência se deve porque a atividade formadora para ela representa uma verdadeira ação divina no mundo que, a princípio, pressupõe um conhecimento do que está sendo formado e o sentido último que possui na vida.

A antropologia filosófica é importante para delinear a própria estrutura da alma humana e seu alcance espiritual, mas ela não responde a todas as perguntas – como, por exemplo, a pergunta pela origem e meta do ser humano – e naturalmente, a antropologia filosófica pede socorro à antropologia teológica. A verdadeira pedagogia perseguida por Stein há de ter um fundamento antropológico que não se limite ao mero conhecimento natural sobre o ser humano e o mundo, mas que beba nas fontes últimas sobre o ser, nas fontes da Revelação.

Conhecer o que é o ser humano, o que ele deve ser e como chegar a sê-lo é a tarefa mais urgente de todo homem e constitui o papel essencial da pedagogia ajudá-lo nesse percurso. A Revelação diz algo sobre o homem e por isso é preciso levá-la em consideração.

> *E quando a pedagogia renuncia a beber das fontes da Revelação, arrisca-se a deixar de lado o mais essencial que podemos saber sobre o homem, seu objetivo e o caminho que a ele cabe, e, portanto, priva a si mesma por princípio da possibilidade de determinar seu objeto (a educação do homem) de modo suficiente.*[245]

A pedagogia necessita da fundamentação natural e sobrenatural, de modo que mantenha um vínculo estreito com a teologia, sem que se converta nela. Para ilustrar, Stein lança mão de um exercício de aplicação bastante interessante no qual a verdade revelada mostra sua

---

[245] STEIN, Edith. *La Estructura de la Persona Humana*. Madrid: BAC, 2002, p. 196.

respectiva relevância sobre a teoria e a prática pedagógica, aplicando as verdades eucarísticas, tais como o sacrifício da cruz e o sacrifício da missa, ao ato pedagógico propriamente dito, sem abdicar do esclarecimento sobre o papel realizado pelo verdadeiro educador. O sacrifício de Jesus Cristo concede aos homens a possibilidade de obter a vida eterna, sendo revivido no santo sacrifício da missa. Quando o homem, em sua condição de pecador, coloca-se diante do altar e do sacerdote, de forma humilde e arrependida, ele participa da vida de Cristo e converte-se em parte real e viva de Seu corpo. Ao receber a sagrada comunhão, o homem recebe em si o Senhor, de modo que ele "vive em Cristo e Cristo nele".[246] O ato pedagógico deve ter como fundamento essencial a ação eucarística, que simboliza a cooperação entre Deus e o homem cujo resultado é a aquisição da vida eterna. E quanto ao papel do educador, cabe a ele executar a missão quase divina, levando ao educando o ensinamento das verdades eucarísticas e fazendo com que ele participe da salvação. O ato pedagógico essencial começa, segundo Stein, quando existe a cooperação de Deus e o homem para levar um terceiro à salvação. Aquele que está em fase de formação, ao conhecer e optar livremente pelo caminho apresentado, então poderá se abrir à *Graça*, para que essa seja eficaz nele. E isso tudo pode ocorrer de diversas formas. Pode ser com uma iluminação do entendimento que gera uma compreensão mais profunda das verdades de fé; uma nova luz sobre as profundidades desconhecidas da própria alma, de modo que a pessoa se liberte de enganos e seja capaz de um arrependimento verdadeiro seguido de uma ação purificadora; ou pode ser também a descoberta de novas tarefas, garantidas por forças renovadas. Quando a verdade eucarística age interiormente, ela revela ao próprio ser que

---

[246] *Ibid.* p. 197.

a experimenta "a maior força formadora e de como o homem dela necessita para chegar a ser o que ele deve ser".[247]

Embora a missão do educador seja aquela de ajudar a pessoa a converter-se no que foi chamada a ser, os obstáculos encontrados são diversos. Não basta apenas que ele transmita um conhecimento, uma compreensão, uma verdade, mas antes de tudo ele precisa despertar uma fé viva no próximo e é intimado a convencer os seus da veracidade e da credibilidade daquilo que ele mesmo ensina. Stein oferece dois critérios para que a missão do educador possa atingir o objetivo. O primeiro deles se refere – da mesma maneira como fazem as outras ciências – à necessidade de comprovação das verdades da fé, o educador precisa lançar mão de exemplos concretos que dimensionem a realidade da vida eucarística, por meio dos testemunhos e dos grandes santos que viveram ardentemente o desejo de participar do sacrifício da missa e receber a comunhão.[248] É difícil se o educador não mantém uma postura coerente com aquilo que ensina. E esse é o segundo critério sublinhado por Stein, a eficácia da própria função daquele que educa depende da coerência que ele estabelece em seu íntimo com aquilo que ensina. Para ela, de nada adianta ir à Igreja e levar uma vida eucarística se não se manifesta na pessoa nenhum "fruto do amor, paciência ou espírito de sacrifício".[249] A fé é um dom da *Graça*, "o despertar da

---

[247] *Ibid.*, p. 201.

[248] Em seu último livro *A ciência da cruz*, a autora cumpre o que ela aqui indica como essencial e relata sobre a experiência do grande místico espanhol São João da Cruz e a sua vontade em seguir o calvário de Cristo. Segundo Edith Stein, "a impressão que lhe causa a grandeza do sacrifício certamente nunca diminuiu", e vários outros episódios sucederam. Em Baeza, João não pôde terminar a missa, pois fora tomado por um êxtase que o fizera sair do altar, bem como em Caravaca, durante uma missa, relata-se que das hóstias irradiavam raios luminosos que resplandeciam na figura do santo. STEIN, Edith. *A ciência da cruz*. São Paulo: Edições Loyola, 2004, p. 25.

[249] STEIN, Edith. *La Estructura de la Persona Humana*, Madrid, BAC, 2002, p. 200.

fé vai unido a colaboração humana"[250] e aquele que se encontra nesse lugar e assume esse papel precisa dispor de coerência com relação ao que ele mesmo ensina. A missão do educador contribui para a obra de salvação na medida em que ele submete-se à vontade divina e se faz instrumento da ação de Deus no mundo, num verdadeiro trabalho de colaboração. Esta é a convicção pedagógica-antropológica construída por Edith Stein, na qual ela adiciona aos critérios da formação humana os mistérios da fé católica, também vivenciados por ela enquanto filósofa e educadora.

---

[250] *Ibid.*, p. 198.

Considerações Finais

Os resultados alcançados em minha pesquisa certamente voltam-se para a antropologia de Edith Stein, para o seu olhar sobre o ser humano e as relações que ele estabelece com o mundo que o circunda. No interior dessa antropologia, Stein faz uma análise do ser humano isolado bem como vivendo em coletividade, buscando notar em que medida o ser é determinado ou não pelo ambiente espiritual em que vive. Pode-se dizer que Stein concebe a pessoa como formada por uma dimensão corporal, que estabelece o contato com o mundo, objetos e pessoas e, por isso, é a condição de possibilidade de todo o conhecimento humano. Dona de uma alma que se divide entre uma esfera mais baixa, a psique – âmbito reativo e instintivo – e uma esfera mais alta, denominada por ela como alma espiritual e, por fim, por uma dimensão do espírito, o âmbito de controle em que se dá o entendimento e a vontade, além da capacidade de desenvolvimento das potencialidades humanas vinculadas à formação do si mesmo. A análise de Stein abarca toda a estrutura essencial da pessoa e mostra como nela se dá o entrelaçamento necessário para o crescimento material, o desenvolvimento do caráter e a formação da autêntica personalidade. Stein não exclui de suas pesquisas a pergunta sobre a individuação da estrutura essencial pela qual passa o indivíduo e discute com Tomás de Aquino sobre os processos que encabeçam o movimento. Sua pesquisa busca compreender também a relação que o ser finito do homem estabelece com o ser infinito de Deus e abarca uma antropologia de caráter teológico que aceita em seu interior as verdades reveladas sobre o homem.

Por se tratar de uma autora que percorre um itinerário espiritual vasto, que vai da filosofia à mística, tendo como fio condutor a pesquisa sobre o ser, devo admitir que diversas questões e nuances sobre o tema escapam ao pesquisador de primeira viagem. O trabalho tem o mérito de revelar as três fases em que se "divide" sua vida, bem como as produções intelectuais de cada uma delas, principalmente ao tema da antropologia. Edith Stein é uma pensadora exigente, sua relação de conhecimento com as teorias que lhe chegam é profunda e permanecem, no decorrer das obras, em contínua maturação. É o caso da investigação sobre o campo do humano. Desde seu primeiro trabalho em filosofia, Stein utiliza os instrumentos da fenomenologia para captar o âmbito psicofísico e espiritual que habitam o ser humano, e podemos considerar sua indagação "o que é o homem?" como permanente em seus estudos, a cada vez sendo implementada por novos alcances e compreensões. A pergunta que se repete se dá numa espécie de verticalização e maturação do conhecimento adquirido. Num primeiro momento, ela descobre a estrutura essencial, mas não contente com esses resultados se vê diante de perguntas mais profundas que tentam desvendar a determinação última que garante a singularidade do indivíduo. Questões já exploradas por Aristóteles e Tomás de Aquino passam a integrar sua pesquisa, servindo como material precioso de estudo. Seu interesse pela pedagogia é também um estudo dirigido ao ser humano, pois apresenta como razão subjacente a preocupação pela formação humana, pelos meios com os quais a pessoa precisa ser estimulada para alcançar a meta e o objetivo. Tudo em seu pensamento parece integrado e germina como uma semente que guarda em si tudo o que virá depois. O que surge é uma pergunta que extrapola o tema proposto neste livro e que aponta para um outro estudo possível, pois, por trás da permanente indagação, sempre acenando para uma mesma direção, esconde-se uma ideia de verdade que prescreve a direção de seu pensar. Stein vivencia em suas pesquisas filosóficas o que Tomás de Aquino concebe como a *ratio* – o *logos* dos gregos –, o sentido que paira sobre todas as coisas e sobre tudo que o entendimento pode descobrir, praticando uma filosofia que se movimenta em direção a uma ideia de verdade. Daí a sua coerência e profundidade.

Edith Stein desenvolve – num dos textos analisados – uma harmonização entre as teorias de Husserl e Tomás de Aquino e indica como espaço comum entre ambas a ideia de verdade que, pouco a pouco, vai sendo desvelada pelo homem. O fato remete-nos à confirmação de que Stein via uma ponte não só entre a filosofia moderna e a medieval, bem como uma possibilidade de trabalho comum entre a razão e a fé. Os resultados alcançados neste trabalho, no entanto, apenas *acenam* para essa ideia, pois o que esteve em jogo foi o esforço de enquadramento da questão antropológica de Stein e a tentativa de lançar luz sobre seus fundamentos filosóficos. Levando em consideração que a antropologia de Stein divide-se em filosófica e teológica, a discussão sobre as implicações entre razão e fé são pertinentes, iluminam o modo com que trata as questões referentes ao ser humano e não o tema em si mesmo, com toda a magnitude e importância. Fica aberta a questão para aprofundamentos futuros. Quando coloca-se em destaque o modo de conhecimento pela via da razão natural e da razão sobrenatural – assunto que permeia o conjunto de sua obra – está também o problema entre o conhecimento fragmentário humano e o conhecimento simples e completo do ser divino que pode comunicar-se com o espírito humano e elevá-lo para além da limitação natural. Edith Stein desloca o foco de atenção para os três modos em que o homem pode conhecer Deus: o caminho da razão, o da fé e o da experiência mística. O caminho da razão é demonstrado no exame sobre a criaturalidade, caminho pelo qual a criatura alcança – pela análise da vida do próprio eu – a consciência de sua finitude, contingência e debilidade e, portanto, a consciência de que há de se ter um ser infinito que sustente e abarque o ser finito e fugaz, incapaz de ser seu próprio fundamento. O caminho dá fé é mostrado em alusão ao mestre espiritual de sua ordem, São João da Cruz, como uma *luz obscura*, como o entendimento natural que aceita as verdades da fé e as transforma em forma interna da alma. Por último, Edith Stein apresenta a experiência mística, o modo de conhecimento de Deus mais simples e ao mesmo tempo o mais completo, pois nele Deus eleva o espírito humano para além de sua natureza e o faz experimentar liberdade e perfeição. A experiência mística é a experiência de Deus, que ocorre no mais íntimo da alma e revela-se como presença por aqueles que dela partilham.

É preciso sublinhar que, se de um lado, a antropologia de Stein dialoga com a filosofia e com a teologia – a primeira no sentido de buscar o princípio estrutural que rege o desenvolvimento e individuação do ser humano, e a segunda, atenta aos conteúdos que a Revelação faz sobre o homem – por outro, a antropologia deságua na mística. Tal afirmação encontra respaldo na análise que ela faz da alma humana, pois cada vez mais ela explora o espaço da interioridade, espaço onde habita Deus. Na esteira dos ensinamentos de Santa Teresa D´Ávila, a análise da estrutura essencial da alma conduz ao estudo da mística, o caminho que leva a alma ao conhecimento de si mesma também a leva ao conhecimento de Deus. De certa forma, a questão da mística é acenada no último capítulo, o problema entre a liberdade humana e a *Graça*. O ser humano, embora submetido à temporalidade e ao devir, é visto por Edith Stein como um ser carente de plenitude, que deseja viver uma vida mais completa e livre e que busca a liberdade. Por sua parte mais suscetível, ele pode perder-se e desviar-se da meta. A liberdade humana é o caminho da salvação, mas também o seu grande drama, pois ela é a condição de possibilidade da vida na *Graça*, mas também no mal, pois Deus em toda sua onipotência criou um ser realmente livre, a ponto de negar-se, frente a frente ao seu criador, o desejo de ser salvo. Stein oferece três estágios da alma mais ou menos livre, e entende como a vida plenamente livre, aquela que se abandona por completo à vontade divina, fazendo de si o instrumento de suas obras e configurando a realização mais completa e perfeita que o ser humano pode alcançar durante a vida. O tema da mística merece um estudo à parte, pois envolve toda a profundidade das meditações de Stein sobre a obra mística de Pseudo-Dionísio, São João da Cruz e Teresa D´Ávila e um verdadeiro enfrentamento da questão poderá vir mais à frente com um estudo específico sobre a fenomenologia da mística em Edith Stein.

Referências

BAKHTIN, M. *Problemas da poética de Dostoiévski*. Rio de Janeiro: Ed. Forense Universitária, 2002.

BASEHEART, M. Catharine. *Person in the World: Introduction to the Philosophy of Edith Stein*. Netherlands: Kluwer Academic Publishers, 1997.

BELLO, Angela Ales. *L'Universo nella Coscienza: Introduzione alla Fenomenologia di Edmund Husserl, Edith Stein, Hedwig Conrad-Martius*. Pisa: Edizioni ETS, 2007.

BELLO, Angela Ales. *A fenomenologia do ser humano: traços de uma filosofia no feminino*. Bauru, São Paulo: EDUSC, 2000.

CALCAGNO, Antonio. *The Philosophy of Edith Stein*. Pennsylvania: Duquesne University Press, 2007.

CANTÒ, Laura. *Sguardo Essenciale: antropologia e teologia em Edith Stein*. Roma: Edizioni OCD, 2005.

D'AMBRA, Michele (Org.). *Edith Stein: Lo Spirito e la Santità*. Roma: Edizioni OCD, 2007.

DOSTOIÉVSKI, F. *Crime e castigo*. São Paulo: Editora 34, 2001.

HUSSERL, E. *Ideias para uma fenomenologia pura e para uma filosofia fenomenológica*. Tradução de Márcio Suzuki. Aparecida, São Paulo: Ideias & Letras, 2006.

HUSSERL, E. *A crise da humanidade europeia e a filosofia*. Tradução de Urbano Zilles. 2ª ed. Porto Alegre: EDIPUCRS, 2002.

JOÃO PAULO II. *Fides et Ratio*. 10ª ed. São Paulo: Ed. Paulinas, 2008.

LIMA VAZ, Henrique C. *Experiência mística e filosofia na tradição ocidental*. São Paulo: Loyola, 2000.

MACINTYRE, Alasdair. *Edith Stein: A Philosophical Prologue (1913-1922)*. Maryland: Rowman and Littlefield Publishers, 2006.

MIRIBEL, Elisabeth. *Edith Stein: como ouro purificado pelo fogo*. 3ª ed. Aparecida, São Paulo: Editora Santuário, 2001.

PEZZELLA, Anna Maria. *L'Antrologia Filosofica di Edith Stein: Indagine Fenomenologica della Persona Umana*. Roma: Città Nuova, 2003.

PONDE, L. F. *Crítica e profecia: a filosofia da religião em Dostoiévski*. São Paulo: Editora 34, 2003.

SAVIAN, Juvenal. "Experiência mística e filosofia em Edith Stein". *Agnes: cadernos de pesquisa em teoria da religião*. São Paulo, n. 6, 2007, pp. 35-49, 2007.

STEIN, Edith. *Los Caminos del Silencio Interior*. Tradução de Andrés Bejas. Buenos Aires: Bonum, 2006.

_____ *On the Problem of Empathy*. Tradução de Waltraut Stein. Washington: ICS Publications, 2002.

_____ *Philosophy of Psychology and the Humanities*. Tradução de Mary Catharine Baseheart e Marianne Sawicki. Washington: ICS Publications, 2000.

_____ *La Estructura de la Persona Humana*. Tradução de José Mardomingo. Madrid: BAC, 2002.

_____ *Ser Finito y Ser Eterno: Ensayo de una Ascensión al Sentido del Ser*. Tradução de Alberto Perez Monroy. México: Fondo de Cultura Econômica, 1994.

_____ *A ciência da cruz*. Tradução de Beda Kruse. São Paulo: Loyola, 2004.

_____ *La Ricerca della Verità*: Dalla Fenomenologia alla Filosofia Cristiana. Ed. Angela Ales Bello. 3ª ed. Roma: Città Nuova, 1999.

_____ *A Mulher: sua missão segundo a natureza e a graça*. Tradução de Alfred J. Keller. Bauru, São Paulo: Edusc, 1999.

_____ *Knowledge and Faith*. Tradução de Walter Redmond. Washington: ICS publications, 2000.

_____ *Natura Persona Mística: per una Ricerca Cristiana della Verità*. Ed. Angela Ales Bello. 3ª ed. Roma: Città Nuova, 2002.

TUROLO, Jacinta. *A formação da pessoa humana*. 2ª ed. São Paulo: Loyola.

Esta obra foi composta em CTcP
Capa: Supremo 250g - Miolo: Pólen Soft 80g
Impressão e acabamento
Gráfica e Editora Santuário